Hallo,

wer derzeit mit dem Zug nach Stuttgart kommt, muss sich erst einmal mit einigen Unerfreulichkeiten arrangieren. Der Weg vom Gleis bis zum Bahnhof ist endlos lang, und der gesamte Bahnhof ist eine einzige Baustelle. Wie lange das noch so bleiben wird? Nach aktuellem Stand bis 2025, dann soll Stuttgarts neuer hochmoderner Durchgangsbahnhof eingeweiht werden.

GROSSPROJEKT STUTTGART 21

Die Positionen von Befürwortern und Gegnern des Projektes Stuttgart 21 sind bis heute verhärtet - fast jede Stuttgarterin und jeder Stuttgarter hat hierzu eine dezidierte Meinung. Wer mehr über Vor- und Nachteile des Projektes erfahren möchte, lese dazu unsere Rubrik „Zur Sache" auf S. 36 f. oder begebe sich bei der Ankunft in Stuttgart gleich in den Info-Turm am Gleis 16. Hier hat man nicht nur einen guten Blick auf Stuttgart, sondern erfährt auch alles über das Grossbauprojekt.

KULTUR UND GENUSS OHNE ENDE

Aber spätestens dann wird es Zeit, die Region Stuttgart mit allen Sinnen zu erleben. Namhafte Museen gibt es genug, und im Hinblick Oper, Theater, Musical und Nightlife kann sich Stuttgart schon lange mit anderen deutschen Großstädten messen. Dabei hat Stuttgart aber eine Besonderheit: die herrliche Lage. Hier kann man tagsüber in Weinbergen wandern und danach in einer Weinstube die guten Tropfen auch gleich genießen. Besonders urige Weinstuben stellen wir Ihnen in der Rubrik „Unsere Favoriten" auf S. 20 f. vor. Und dann ist da auch noch die Schwäbische Alb – in nicht mehr als einer Stunde Fahrzeit von Stuttgart aus zu erreichen ...

Herzlich

Ihre

Birgit Borowski

Birgit Borowski
Programmleiterin DuMont Bildatlas

62

Wer großartige und oftmals auch unerwartete Naturräume sucht, ist in Stuttgarts Nachbarschaft, der Schwäbischen Alb, richtig.

Mit seinem vielfältigen Kulturleben, darunter der Staatsoper, zählt Stuttgart zu den Wohlfühloasen Deutschlands.

Maultaschen, Spätzle, Zwiebelrostbraten – die schwäbische Küche hat ihre köstlichen Eigenheiten.

22

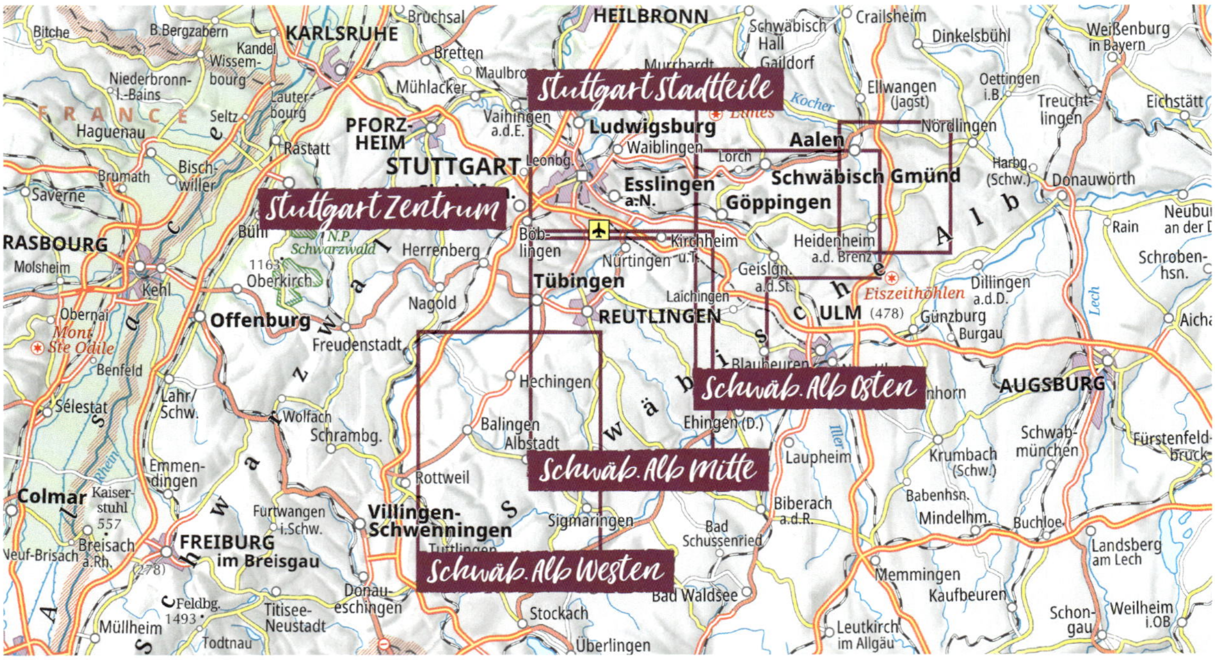

72

Das Beste erleben

Berührend, aufregend und spannend ...
sind unsere Ideen, die wir für Ihren Aufenthalt
in Stuttgart und Umgebung zusammengetragen haben.

Besondere Orte

* 1 *

STUTTGARTS GUTE STUBE

Der Schlossplatz ist das Herz der Stadt.
Seite 39

* 2 *

KAISERLICHES AMBIENTE

Eines der bekanntesten Schlösser krönt einen Bergkegel bei Hechingen: Hohenzollern, Erinnerung auch an den letzten deutschen Kaiser.
Seite 77

Reizvolle Historie

* 3 *

LANDESGESCHICHTE KOMPAKT

Das Landesmuseum Württemberg in Stuttgarts Altem Schloss schlägt den Bogen von der Steinzeit bis zur Gegenwart.
Seite 40

* 4 *

KUNSTVOLLE SAMMLUNG

Die Stuttgarter Staatsgalerie und das Kunstmuseum haben Deutschlands bedeutendste Kunst zusammengetragen.
Seite 40

* 5 *

TEMPEL DER MOBILITÄT

Die spektakuläre Architektur des Mercedes-Benz-Museums birgt nicht nur automobile Kostbarkeiten, sondern ist ein Erlebnis für alle Sinne.
Seite 54 und 60

Fantastisches Erleben

*** 6 ***

STUTTGARTS GROSSE FESTE

Cannstatter Volksfest, Weindorf und Weihnachtsmarkt sind Publikumsmagneten über Baden-Württembergs Grenzen hinaus.

Seite 41

*** 7 ***

DIE GANZE WELT VEREINT

Fauna und Flora aus aller Herren Länder vereint der zoologisch-botanische Garten Wilhelma.

Seite 59

*** 8 ***

ALLES GLÜCK DER ERDE

Das liegt für viele auf dem Rücken der Pferde. Im Landesgestüt Marbach werden sie fündig.

Seite 93

Gewaltige Natur

*** 9 ***

POSTKARTENBLICK AUF DIE DONAU

Das Tal des noch jungen Flusses bildet einen wunderbaren Naturraum.

Seite 78

*** 10 ***

AUS LÄNGST VERGANGENEN ZEITEN

Natur museal zeigt sich im Holzmadener Urwelt-Museum Hauff mit seinen zahlreichen Fossilien.

Seite 98

*** 11 ***

BESUCH IN DER UNTERWELT

Tropfsteine, wohin man blickt: Bären- und Nebelhöhle sind nur zwei der begehbaren Alb-Unterwelten.

Seite 99

HERZ DES SÜDWESTENS

Es war Stuttgart nicht in die Wiege gelegt, einmal die Landeshauptstadt von Baden-Württemberg zu werden. Die Konkurrenz war immer groß. Doch setzte sich der „Stuotengarten“ letztlich durch und entwickelte als größte Stadt im Südwesten eine eindrucksvolle Strahlkraft. Prachtbauten wie das Neue Schloss unterstreichen dies.

WERKSTATT DER ZUKUNFT

Stuttgart und seine unmittelbare Umgebung gehören zu den wirtschaftsstärksten Zonen Europas. Den Grundstein dafür hat die Automobilindustrie gelegt, die eng mit dem Namen Daimler verbunden ist. Tüftler sind gefragt wie nie: Von den klugen Köpfen in den High-Tech-Firmen und Universitäten der Stadt erwartet man Zukunftsweisendes.

HORT DER MUSEN

Zwar mögen die Schwaben sparsam sein, doch wissen sie sehr genau, was gut ist. Das spiegelt sich in der Stuttgarter Kulturlandschaft wider. Museen und Theater von Weltrang wie Staatsgalerie und Staatstheater führen dies tagtäglich vor Augen. Unter Ballettlegende John Cranko gelangte das Stuttgarter Ballett zu Weltruhm und tanzt nun an der Weltspitze.

STUTTGARTER ZEITUNG
Wesser
buchhaus
OTTO DIX
FRANCIS BACON
MAX BECKMANN
SIGMAR POLKE
GERHARD RICHTER
MARKUS LÜPERTZ
YVES KLEIN
BILL VIOLA
DAMIEN HIRST
ELLSWORTH KELLY
JONATHAN MEESE
ISA GENZKEN
FRANZ GERTSCH
KÄTHE KOLLWITZ
ANTONI TÀPIES
ROBERT LONGO
treppe

ARCHITEKTEN-SPIELWIESE

In der Stadt setzt der Kubus des Kunstmuseums ein Ausrufezeichen. In den 1920er-Jahren machten Le Corbusiers weiße Kuben die Stadt zur Avantgarde der architektonischen Moderne. Die 1950er-Jahre brachten mit dem Fernsehturm den schönsten weltweit hervor. Heute beeindrucken die genialen Museumsbauten von Mercedes und Porsche.

ZWISCHEN WALD UND REBEN

Das Herz des Stuttgarter Weinanbaus schlägt in den Außenbezirken, in den Winzergemeinden am Neckar. Besonders laut hört man es dort schlagen, wenn Besenwirtschaften wie der „Toskana-Besen" des Weinguts Diehl für wenige Wochen im Jahr ihre Pforten öffnen, eigene Tropfen ausschenken und zum Epizentrum schwäbischer Geselligkeit werden.

HINTER DER BLAUEN MAUER

Von Stuttgart aus erscheint der Steilanstieg der Schwäbischen Alb wie eine blaue Mauer, jäh erhebt sie sich über dem Mittleren Neckarraum. Ganz anders das Bild im Süden des Mittelgebirges, wo die Alb meist sanft zum Donautal abdacht. Nur am Durchbruchstal der Oberen Donau präsentiert sich die Landschaft ähnlich schroff.

Urige Weinstuben

STUTTGARTS GENIESSERECKEN

Stuttgart war einst die größte Weinbaugemeinde Baden-Württembergs. Etliche, noch heute bestehende Weinberge legen Zeugnis davon ab. Tradition haben auch die Weinstuben, in denen man „ein Viertele schlotzt" und sich Maultaschen oder Gaisburger Marsch, Standardgericht aller schwäbischen Lokale, munden lässt. Man sollte sich einen Platz reservieren lassen, denn nicht nur Schwaben selbst schätzen diese heimeligen Gaststätten.

1 Stetter

Gemütlich, urig, authentisch! „Stetter", 120 Jahre alt, ist auch eine der ältesten Weinstuben Stuttgarts. Und die lokalen schwäbischen Gerichte sind einfach köstlich: von den hausgemachten Maultaschen mit Salat bis hin zum Schwäbischen Zwiebelrostbraten mit handgeschabten Spätzle. Allein die Weinkarte ist eine Sensation für sich! Über 40 offene Weine werden hier ausgeschenkt, im Angebot sind auch 500 Flaschenweine. Dementsprechend ist es hier fast immer rappelvoll! Daher sollte man stets reservieren. Bei schönem Wetter laden ein paar Tische im Freien an der verkehrsberuhigten Straße zum Verweilen ein.

Stuttgart-Bohnenviertel, Rosenstr. 22, Tel. 0711 240163, www.weinhaus-stetter.net/weinstube, So. Ruhetag

2 Ochsen

Im Herzen von Uhlbach, einem stolzen, 1937 nach Stuttgart eingemeindeten Winzerdorf, steht ein schmuckes Gasthaus, davor thront in einem gepflegten, bildschönen Garten eine mächtige Kastanie. Seit 1883 fühlen sich Einheimische und „Rei'gschmeckte" hier „sauwohl", wie man auf gut schwäbisch sagt. Uta und Elke Wagner führen den Ochsen bereits in der vierten Generation. Ein Gedicht sind die Leberspätzle und der schwäbische „gemischte" Sonntagsbraten. Unser Tipp: Rechtzeitig reservieren, vor dem Gasthausbesuch hinauf zur Grabkapelle von Königspaar Wilhelm I. und Katharina von Württemberg spazieren, eine königliche Aussicht genießen und den Tag schließlich im Ochsen mit einem der Weine der umliegenden Spitzenwinzer krönen!

Stuttgart-Uhlbach, Markgräflerstraße 6, Tel. 0711 32 29 03, www.ochsen-uhlbach.de, Mo.–Mi. Ruhetag

3 Kochenbas

Einst zogen sich die Weinberge bis hinunter auf die Höhe der Weinstube „Kochenbas". Einen letzten Hauch vom Grün bietet noch der kleine Garten, in dem die Gäste gern lang und noch länger sitzen. Geblieben ist auch die Beliebtheit dieser alten Weinstube mit ihrem engen Gastraum und den schwäbischen Speisen. Hier stehen noch Saure Nierle, Flädlessuppe, Sauerbraten und Linsen mit handgeschabten Spätzle ebenso auf der Karte wie die obligatorischen Maultaschen. Echte Viertele – also ein Viertelliter Wein im Henkelglas – sind hier auch noch zu haben! Woher der Name „Kochenbas" kommt? Diese Weinstube wurde einst von der Familie Koch betrieben. Viele der benachbarten Winzer waren mit der Wirtin, Frau Koch, verwandt. Mittags oder abends kehrten die Winzer bei ihrer „Kusine" ein: „Wir gehen zur ‚Bas' zur ‚Kochenbas'."

Stuttgart-Süd, Immenhofer Straße 33, Tel. 0711 60 27 04, www.kochenbas.de, Mo. Ruhetag

4 Fröhlich

Die wilden Zeiten, als Journalisten und Künstler an den soliden Holztischen kettenrauchend bis zum Morgengrauen über ihren Weingläsern diskutierten, sind vorbei. Aus der Weinstube wurde ein gediegenes, geschätztes Restaurant mit dunkler Komplettvertäfelung in einem Raum, und mit viel Weiß im anderen. Serviert werden schwäbische Klassiker wie Maultaschen, Kartoffelsalat, Flädlesuppe, Spätzle oder Zwiebelrostbraten, aber auch frischer Fisch und mediterrane Gerichte kommen auf den Tisch. Alles wird frisch zubereitet, weshalb es auch mal länger dauern kann. Die ausgezeichneten Weine haben mitunter stolze Preise, besonders die edleren Tropfen. Laue Sommerabende verbringen die Gäste am liebsten im idyllischen Innenhof der Altstadt-Weinstube. Aber sich nicht wundern! Das Lokal liegt mitten im Rotlichtviertel!

Stuttgart-Mitte, Leonhardstr. 5, Tel. 0711 24 24 71, www.weinstube-froehlich.de, So., Mo. Ruhetag

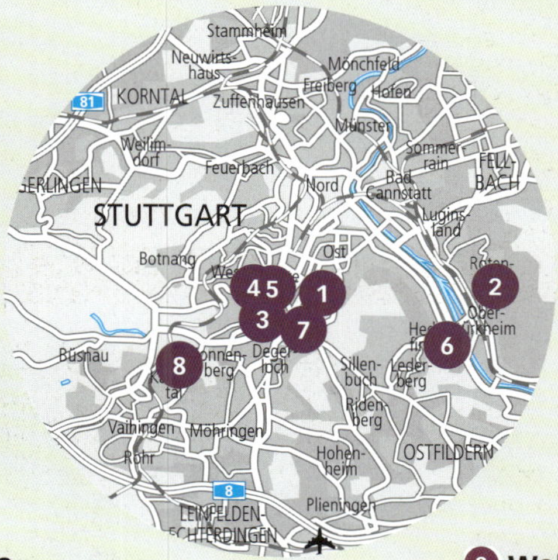

5 Zur Kiste

Ein wenig Spürsinn gehört schon dazu, um die „Kiste" zu entdecken. Das schmale Häuschen versteckt sich gut hinter dem Charlottenhochhaus. Winzige Gasträume bilden das Markenzeichen der ältesten Weinstube der Stadt, in der man für sich allein nur selten einen Tisch bekommt. Insider sparen sich den Blick in die Karte und bestellen gleich „Eins und eins": eine Maultasche und ein Fleischküchle, dazu Kartoffelsalat. Empfehlenswert auch die Ochsenbrust, nicht zu vergessen der Gaisburger Marsch. Dieser typisch schwäbische Eintopf aus Kartoffeln, Spätzle und Siedfleisch sättigt und wärmt Leib und Seele. Offene Württemberger Weine zu sehr reellen Preisen.

Stuttgart-Mitte, Kanalstr. 2, Tel. 0711 244002, www.zurkiste.de, So., Mo. Ruhetag

6 Knausbira Stüble

Eine alte schwäbische Birnensorte trägt den Namen Knausbira, in Stuttgart nennt man so auch die Einwohner des Stadtteils Hedelfingen. Im Ortszentrum betreiben Gabriel Schallmeir und Lia Zimmermann das Knausbira-Stüble. Auf der langen Holzbank haben etliche Gäste Maultaschen mit Kartoffelsalat verspeist – und geschworen, dass in Stuttgart nichts Besseres zu bekommen sei. Legendär ist auch der Gänsebraten, der ab Martini auf der Karte steht. Ohne Reservierung geht hier nichts.

Stuttgart-Hedelfingen, Heumadener Str. 15, Tel. 0711 42 88 05, www.knausbira-stueble.de, So., Mo. Ruhetag

7 Vetter

Das Lokal liegt gut versteckt in einer Wohngegend. Die moderne Weinstube bietet eine Weinkarte mit reichhaltigem Angebot und kreative schwäbische Küche. Auf der täglich wechselnden Karte mit saisonalen Gerichten, die immer wieder für kulinarische Überraschungen sorgt, wird tatsächlich jeder fündig. Im Innern sitzt man in netter Atmosphäre, es gibt ein paar kleine und mehrere größere Tische; im Sommer kann man draußen auf der Terrasse gemütlich speisen. Die Preise sind angemessen.

Stuttgart-Mitte, Bopserstraße 18, Tel. 0711 241916, https://vetter-essen-trinken.de, So., Mo. Ruhetag

8 Waldheim Heslach

Gut versteckt im Dachswald liegt das Waldheim Heslach, 1908 gegründet als Auszeitort für Arbeiter. Bei Schönwetter dauert es heutzutage ein wenig, bis sich auf der schmalen Zufahrt Radler und Autos sortiert haben. Umso großzügiger geht es im weitläufigen Biergarten zu. Spezialität ist der Flammkuchen. Man bestellt an der Außentheke und setzt sich unter die Bäume, bis das Essen ausgerufen wird. Mit großem Spielplatz für Kinder.

Stuttgart-Kaltental, Dachswaldweg 180, Tel. 0711 6 87 22 71, https://restaurant-waldheim-heslach.de, tgl. geöffnet

Stuttgart · Zentrum

*

STERN DES SÜDENS

*

Stuttgart hat sich zu einer quirligen Urbanen gemausert. Ihr Kulturprogramm zählte schon immer zum Feinsten. Auf der Shoppingmeile Königstraße wandelt man auf weißem Boden, und mitten in der City bietet der Schlossplatz einen grünen Ruhepol.

Die Figuren der beiden Brunnen auf dem Schlossplatz vor dem Neuen Schloss symbolisieren württembergische Flüsse.

Am Schlossplatz flankiert der säulengeschmückte Königsbau die Königstraße, auf der seit 1981 die Plastik „Crinkly avec disque rouge" des US-amerikanischen Bildhauers Alexander Calder kontrastreich leuchtet. Und im Hintergrund ragt der Turm des Hauptbahnhofs auf.

Das im Krieg völlig zerstörte Neue Schloss wurde bis 1964 rekonstruiert: Blick aus dem Musikpavillon des Schlossplatzes auf die Jubiläumssäule und die dreiflügelige barocke Schlossanlage, die heute Landesverwaltung und Repräsentationsräume beherbergt.

Gotisch ist der achteckige Stiftskirchen-Westturm, romanisch der Südturm

Champagner, Austern, Shrimps, Würstchen, dazu Livemusik auf zahlreichen Open-Air-Bühnen versüßen die heißen Nächte im Kessel: Sommerfest auf dem Schlossplatz

»DENN MIT HEILIGEM LAUB UMKRÄNZT ERHEBET DIE STADT SCHON / DIE GEPRIESENE, DORT LEUCHTEND IHR PRIESTERLICH HAUPT ...«

Friedrich Hölderlin 1800 über Stuttgart

Markenzeichen der baden-württembergischen Landeshauptstadt ist ihre Topografie: viele Hügel, über die sich Wald und gediegene Wohnviertel ziehen, und in der Mitte ein mächtiger Kessel, der die gesamte Innenstadt aufnimmt. Der Schriftsteller Max Goldt nimmt das mit Humor: „Am beeindruckendsten ist das Stuttgarter-Loch-Feeling, wenn man vom Flughafen mit dem Bus in die Stadt fährt. Der Flugplatz liegt auf einem Bergesgipfel, und von dort führt eine unvorstellbar steile, fast senkrechte Straße zur Stadt. In den Fahrern, die diese Busse lenken, vermählt sich die Muskelkraft belgischer Rösser mit der Nervenstärke von Astronauten. Es sind die mutigsten Männer Deutschlands!" Bei der steilen Straße handelt es sich um die Neue Weinsteige, eine der Haupteinfallstraßen in die City. Sie bildet aber schon die entschärfte Version der ursprünglichen Strecke, der Alten Weinsteige, einst mit 17 Prozent Gefälle als pferdeschindend berüchtigt.

STADT DER PFERDE

Die Kessellage hat ihre guten Seiten, liegen doch die wichtigsten Sehenswürdigkeiten der Stadt relativ dicht beieinander um Schlossplatz und Stiftskirche. Hier befand sich das Zentrum der mittelalterlichen Kaufmannssiedlung, die 1316 zur Residenz der Grafen, späteren Herzöge und Könige von Württemberg aufstieg. In graue Vorzeit fällt die Gründung des „Stuotengarten", eines Gestüts also, das um 950 Herzog Liudolf von Schwaben am Nesenbach angelegt haben soll. Von diesem einst wichtigsten Wasserlauf der Stadt ist allerdings nichts mehr zu sehen. Die Pferde dagegen sind – ideell und allgegenwärtig – geblieben: Schwarz auf goldenem Grund tänzelt das Stuttgarter „Rössle" elegant auf dem Stadtwappen. Und auf Pferdestärken gründet das wichtigste wirtschaftliche Standbein der Stadt. Die Daimler AG hat hier ihren Firmensitz, der Sportwagenhersteller Porsche führt das Rössle sogar im Wappen.

ZWISCHEN WALD UND REBEN

53 alliierte Luftangriffe richteten erhebliche Verwüstung an – fast 70 Prozent der Stadt lagen am Ende des Zweiten Weltkriegs in Schutt und Asche, dem Wiederaufbau fielen weitere Gebäude zum Opfer. Die funktionale Nachkriegsarchitektur hat die Innenstadt nicht eben schöner gemacht. Seit 1952 ist Stuttgart Hauptstadt des damals neu gegründeten Landes Baden-Württemberg und hat sich im Windschatten von gediegenem Wohlstand, typisch-schwäbischer Schaffenskraft und Sauberkeit zu

Kunst des Mittelalters gehört zur Kunst- und Kulturgeschichtlichen Sammlung des Landesmuseums Württemberg im Alten Schloss, …

… in dem auch die 1806 aus Gold, Diamanten, Smaragden und Perlen gefertigte Krone des Königreichs Württemberg zu sehen ist.

Nepalesischer Buddha im völkerkundlichen Linden-Museum.

Das Alte Schloss beherbergt das im 19. Jahrhundert gegründete Landesmuseum, das aus der Kunstkammer der württembergischen Herzöge entstanden ist.

So wehrhaft-trutzig es sich von außen zeigt, im Innenhof bietet das Alte Schloss Renaissance-Leichtigkeit.

einer behaglichen, wenn auch etwas langweiligen Großstadt aufgerappelt. Das ändert sich seit einigen Jahren. Die „Großstadt zwischen Wald und Reben", wie ein gern zitierter Slogan verkündet, hat die Hürde ins 21. Jahrhundert mit Bravour genommen. Sie ist jünger, moderner und schnelllebiger geworden – kurzum eine City, die München oder Berlin vom Lebensgefühl her in nichts nachsteht und dennoch wohltuend überschaubar blieb.

MANCHE KLISCHEES BLEIBEN

Die Kehrwochenpflicht wurde zwar bereits 1988 vom Gemeinderat aus der Gemeindeverordnung gestrichen, doch wird sie noch in vielen Mietshäusern beibehalten. Aber immer weniger Stuttgarter sprechen Schwäbisch – in der Schule lernen die Kinder selbstverständlich Hochdeutsch, und rund 45 Prozent der gut 630 000 Einwohner haben als Menschen „mit Migrationshintergrund" ihre sprachlichen Wurzeln sowieso nicht im Schwäbischen. Nichts mehr zu lachen hatte die CDU in Stuttgart zwischendurch: Zwischen 2013 und 2021 regierten hier gar die Grünen mit Fritz Kuhn als Oberbürgermeister. Seither hat die Stadt aber mit Frank Nopper wieder einen CDU-Oberbürgermeister. Keinen Wechsel gibt es bisher beim schneidigen Stuttgarter „Tatort"-Gespann Lannert/Bootz, in deren Fällen Stuttgart nun endlich weltstädtisch-verrucht erscheint. Seit 2008 sind die beiden TV-Kommissare „im Amt". Auch die Laugenbrezel hält ihre Stellung: In jeder Bäckerei und sogar mitten auf der Königstraße – dort in diversen kleinen Buden, Brezelkörble genannt – bekommt man das schwäbische Nationalgebäck.

AUF DER KÖNIGSTRASSE

Wichtigste Einkaufsmeile der Stadt ist besagte Königstraße: An Spitzentagen schieben sich bis zu 100 000 Menschen durch die längste Fußgängerzone Europas. Sie beginnt am Hauptbahnhof, der nun schon seit Jahren eine einzige Bau-

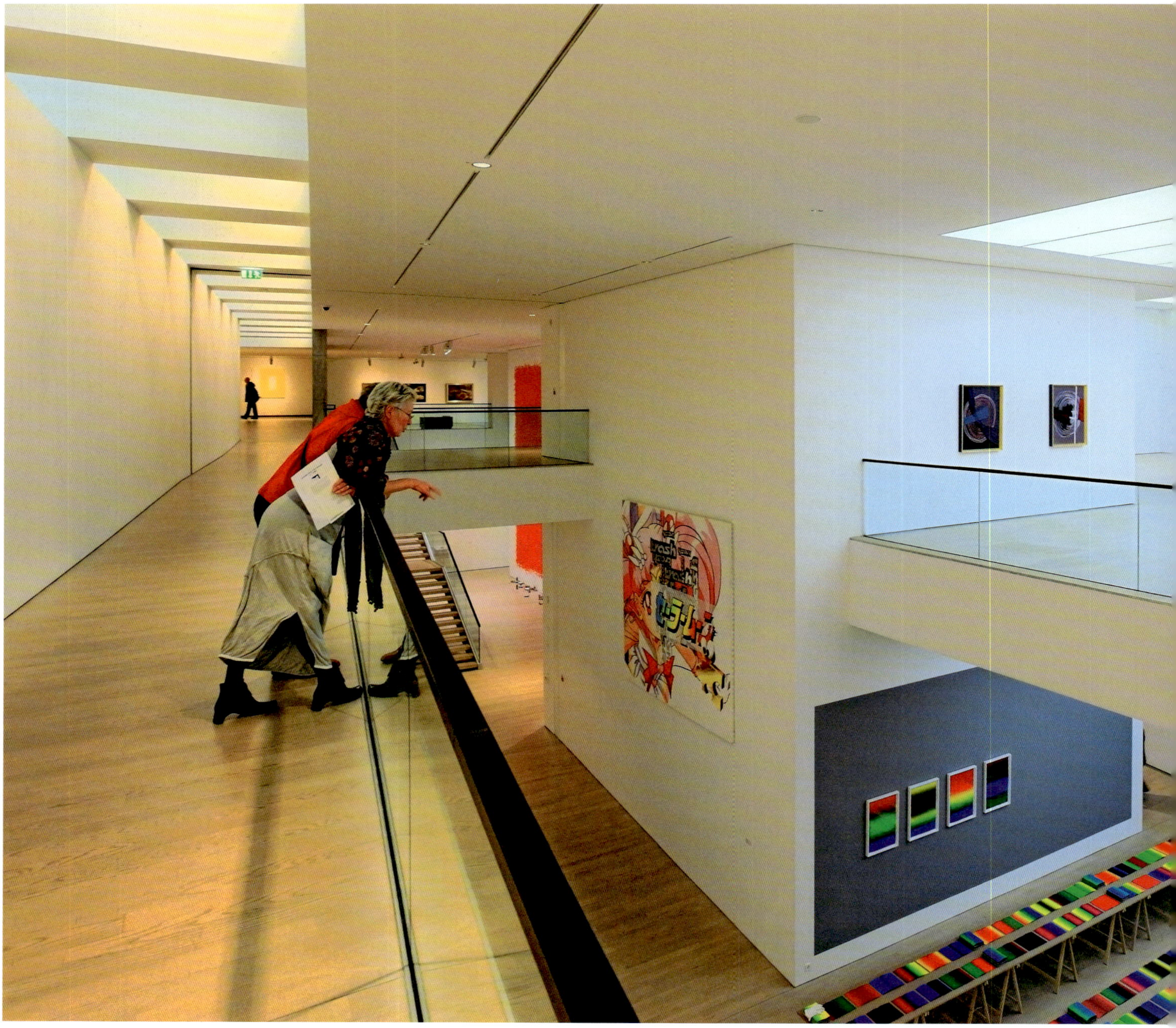

Das Büro Hascher Jehle Architektur entwarf den Neubau des Kunstmuseums Stuttgart. Die untere Ebene liegt unter dem Kleinen Schlossplatz und nutzt zwei ehemalige Verkehrstunnel als Ausstellungsflächen.

1984 schuf Duane Hanson die „Homeless Person" des Kunstmuseums. Hanson ist ein Vertreter des Pop-Art-Hyperrealismus und zeigt als Sozialkritik lebensecht gestaltete Figuren aus dem amerikanischen Alltag.

In der Königstraße kontrastieren zwei architektonische Zeitalter: der Glaskubus des Kunstmuseums mit dem säulengeschmückten Königsbau.

stelle ist. Kaum haben Reisende dessen Hallen verlassen, heißt sie schon die unterirdische Klett-Passage willkommen, 1976 eröffnet und Trendsetter in Sachen Ladenöffnungszeiten. Als die restliche Republik noch brav um 18.30 Uhr die Läden schloss, konnte man hier schon bis 21 Uhr shoppen, anfangs sogar sonntags. Per Rollband der Passage entstiegen, steht man am Beginn der Königstraße. Wer Hunger hat, lässt sich am besten ein Crêpe auf die Hand geben – der Stadt erster und bester Crêpestand steht hier. Edelboutiquen, Kinos, Cafés und Banken, die üblichen Kaufhausketten und eine erstaunliche Anzahl an Schuhgeschäften säumen den weiß gepflasterten Boulevard mit den höchsten Ladenmieten der Stadt. Den geänderten Konsumgewohnheiten halten nicht alle Händler stand. Mit Bestürzung sieht so mancher Stuttgarter alte geschätzte Stammgeschäfte kurzlebigen Ramsch- und Handyläden weichen.

NABEL DER STADT

Etwa auf halber Länge weichen die Häuser der Königstraße zurück: Der Schlossplatz setzt eine willkommene Zäsur. Bei gutem Wetter tummeln sich Müßiggänger und Flaneure unter den Kastanien oder ruhen auf den Wiesen rund um die Springbrunnen. Aber er dient bei jeder sich bietenden Gelegenheit auch als

Der klassizistische Altbau der Staatsgalerie wird seit 1984 durch die Neue Staatsgalerie ergänzt, einen von James Stirling entworfenen Blickfang aus Travertin, Sandstein und grellgrünen Fensterstreben.

Das Opernhaus, einst als Königliches Hoftheater errichtet, ist heute glanzvolle Bühne für Opern- und Ballettaufführungen. Es liegt höchst malerisch am Eckensee im Oberen Schlossgarten.

Mit passendem Namen: Restaurant „Plenum“ im Landtag am Schlossgarten. Im Hintergrund ragt das Openhaus auf.

Tanzkunst

Special

Stuttgarter Ballettwunder

Gleich hinter dem Schlossplatz, eingebettet in den Schlossgarten, liegt die Oper, eine der Bühnen des Stuttgarter Balletts.

„John Cranko hat vor 40 Jahren einen Stein in den See geworfen und den Welleneffekt spüren wir heute noch in der ganzen Welt“, urteilte Reid Anderson, von 1996 bis 2018 Intendant des Stuttgarter Balletts. Cranko nahm 1961 die Arbeit als Direktor und Choreograf auf und schmiedete aus der Compagnie eines der führenden Ensembles der Welt. Seine Handlungsballetts wie „Romeo und Julia“ oder „Onegin“ rissen das Publikum zu Begeisterungsstürmen hin. Wahre Blumenregen gingen auf die Tänzerinnen und Tänzer nieder, das Publikum feierte Richard Cragun, Egon Madsen, Birgit Keil und Primaballerina Marcia Haydée frenetisch. Während der ersten Amerikatournee des Ensembles 1969 war erstmals vom „Stuttgarter Ballettwunder“ die Rede.

„Lieder von Leben und Tod“ von MacMillan

1973 dann der Schock: Völlig überraschend verstarb John Cranko. Sein Nachfolger Glen Tetly tat sich schwer damit, in die Fußstapfen der Legende zu treten. So übernahm 1976 Marcia Haydée, Crankos Muse und Vertraute, die Leitung und konnte an frühere Erfolge anknüpfen. Nach wie vor zählt das Ballett zu den besten der Welt und eine Aufführung in der Stuttgarter Staatsoper zu den Höhepunkten jedes Stadtbesuchs.

Rummelplatz – als schriller Gegensatz zum eleganten Gebäudeensemble. Wie unsensibel mitunter mit der guten Stube Stuttgarts umgegangen wird, gehört zu den Dauerbrennern unter den Stadtgesprächen. Die große Freitreppe neben dem Kunstmuseum ist der beliebteste Treffpunkt der Stadt. Von hier oben blicken Einheimische und Gäste auf das bunte Treiben zwischen Neuem und Altem Schloss, Königsbau und dem extravagenten frei stehenden Glaskubus des Kunstmuseums.

UNTER SCHILLERS AUFSICHT

Dreimal in der Woche erblüht der Schillerplatz vor dem Alten Schloss – und das wortwörtlich. Der große Blumenmarkt prangt in den Farben der Jahreszeit. Im September verwandelt sich der malerische Platz in ein lebhaftes Weindorf, wo Schwaben genüsslich ihr Viertele schlotzen und Auswärtige sich mit „Uhlbacher Götzenberg“ und „Cannstatter Zuckerle“ vertraut machen. In den Adventswochen riecht es nach Glühwein und Magenbrot, wenn der Weihnachtsmarkt seine Pforten öffnet und sich Blockflöte spielende Kinder unter die streng blickende Schiller-Statue wagen. Als junger Dichter wegen seiner aufrührerischen „Räuber“ verfolgt, ist er nun genehm: Stolz nennt sich auch Stuttgart eine „Schillerstadt“.

Stuttgarter Einkaufsmöglichkeiten: Flohmarkt im Schatten Kaiser Wilhelms I. auf dem Karlsplatz, edle Angebote in der Markthalle oder in den Königsbau-Passagen am Schlossplatz

Kaffeepause in der Altstadt

»ICH MÖCHTE NICHT TOT UND BEGRABEN SEIN / ALS KAISER ZU AACHEN IM DOME / WEIT LIEBER LEBT' ICH ALS KLEINSTER POET / ZU STUKKERT AM NECKARSTROME.«

Heinrich Heine in »Deutschland. Ein Wintermärchen« (Kapitel 4

TEMPEL FÜR DIE SINNE

Der Bombenhagel des Zweiten Weltkriegs machte auch vor der Stiftskirche nicht halt: Von der Hauptkirche Stuttgarts standen 1945 nur noch die Türme und zwei Außenmauern. Dem Wiederaufbau der Nachkriegszeit folgte jüngst eine tiefgreifende Innensanierung, die für Überraschungen sorgte: Unter dem Kirchenboden fanden Archäologen alamannische Gräber aus dem 7. oder 8. Jahrhundert, Zeugnis für einen Siedlungsplatz schon weit vor der Gründung des „Stuotengartens". Ein strahlend weißer Innenraum empfängt die Kirchenbesucher heute. Jeden Freitag lädt um 19 Uhr die „Stunde der Kirchenmusik" zu Besinnung und Kulturgenuss mitten in der City ein.

Wenige Schritte weiter erhebt sich die Markthalle von 1914, der Genusstempel der Stadt. Wann immer die Stuttgarter exquisite oder schwer erhältliche Zutaten einkaufen wollen, hier werden sie fündig. Hinter den schweren Türen öffnet sich ein kulinarisches, wenn auch nicht ganz billiges Paradies mit Delikatessen in Hülle und Fülle. 1973 sollte die Jugendstilhalle einem modernen Einkaufspalast weichen. Doch ein solcher Aufschrei ging durch Bürgerschaft und Presse, dass die Stadtväter die Idee kleinlaut wieder fallen ließen.

KESSEL ODER HALBHÖHENLAGE?

Im Sommer wird es den Stuttgartern warm, furchtbar warm. Denn die Stadt zählt nicht nur zu den windärmsten im Land, die Lage im Kessel tut ein Übriges. Zwischen den Häusern heizt sich die Luft kräftig auf. Schön für die Wirte, die jeden ihnen zugestandenen Meter mit Tischen und Stühlen belegen. Doch eigentlich ist das Stuttgarter Stadtklima legendär schlecht: Am Neckartor, einem Verkehrsknoten unweit der Innenstadt, melden die Abgas-Messstationen regelmäßig traurige Bundesrekorde. Mit Umweltplaketten und Durchtfahrtverboten hofft man, dem Feinstaub Herr zu werden. Doch im Sommer wölbt sich an klaren Tagen eine braune Dunstglocke über dem Herz der Metropole. Also hinauf in die luftigeren Höhen! Dorthin führen die „Stäffele", steile Treppen, mal ausladend, mal winzig, mitunter fast zugewachsen, dann wieder fein säuberlich gepflegt – rund 400 soll es geben. Oder sind es 600? Sie verbinden die Innenstadt auf kürzestmöglichem Weg mit höheren Regionen.

Mit jedem Meter steigt zugleich das Mietpreisniveau: Hier oben reihen sich Wohnungen mit Stuckdecken, moderne Designer-Häuser und ehrwürdige Prachtvillen mit altem Baumbestand aneinander. „Halbhöhenlage" lautet das Zauberwort für gediegenes Wohnen und

Beim Stuttgarter Weindorf herrscht rund um Rathaus und Altes Schloss eine weinselige Atmosphäre.

Hauptsache hot und spicy:
Café im Bohnenviertel

Die Liederhalle am Berliner Platz – erste und beste Adresse für Musikliebhaber, aber auch für Architekturbegeisterte interessant

In unmittelbarer Nähe zur Liederhalle lockt das futuristisch umgebaute Bosch-Areal mit einem bunten Mix aus Literaturhaus, Kino und Gastronomie.

Spitzenmieten. Doch auch der Spaziergänger profitiert: Die Straßen, die sich auf halber Höhe rings um die City ziehen, geben einen herrlichen Ausblick auf den Kessel frei, der mit Einbruch der Nacht glitzert und funkelt, leuchtet und brodelt.

JENSEITS DER ALTSTADT

Das behäbige Image, das Stuttgart einst anhaftete, hatte auch viel mit der Ausgehkultur zu tun. Beziehungsweise mit dem eigentlich nicht vorhandenen Nachtleben – sieht man von jenem Rotlichtviertel ab, das sich verschämt in den Schatten der Leonhardskirche drückt. Um Mitternacht wurden die Bürgersteige hochgeklappt, Diskotheken und hippe Lounges konnte man an zwei Händen abzählen. Das hat sich grundlegend geändert. Jüngster Treffpunkt der Szene ist rechts und links der lärmigen Hauptstädter Straße. Zwischen Bixx Jazzclub an der Leonhardskirche und dem unmittelbar benachbarten Wilhelmsplatz reihen sich mehrere Bars und Kneipen, u.a. Fou Fou und Immer Beer Herzen. Zum Tanzen geht's ins White Noise. Auf der nördlichen Seite der Königstraße zieht die von Bars gesäumte Theodor-Heuss-Straße, „Theo" genannt, Ausgehlustige und Poser an. Moderne Blitzer bremsen die PS-Protze zwar ab 22.00 Uhr aus. Doch gefeiert wird bis in den Morgen.

Stuttgart 21

ZERREISSPROBE FÜR DIE BÜRGERSCHAFT

Stuttgarts Hauptbahnhof wird komplett umgebaut, aus einem oberirdischen Kopfbahnhof entsteht ein unterirdischer Durchgangsbahnhof. Dieses Großprojekt ist höchst umstritten: Die einen sehen darin eine städtebauliche Jahrhundertchance, die anderen fürchten ein Milliardengrab.

Sogenannte Lichtaugen sollen das prägende Element des künftigen Stuttgarter Tiefbahnhofs bilden.

Jeden Montag, 18.00 Uhr, am Stuttgarter Schlossplatz die gleiche Szenerie: Menschen mit Transparenten, Fahnen, Trillerpfeifen demonstrieren gegen das Großprojekt „Stuttgart 21", das noch über Jahre hinweg die baden-württembergische Landeshauptstadt zur größten Baustelle Europas macht. Unüblich ist die bunte Zusammensetzung der Demonstranten: Auch Bürger aus der Mitte der Gesellschaft und zahlreiche ältere Menschen schwenken hier die Fahnen und machen ihrem Unmut Luft. Sie sehen ihre Stadt in ernster Gefahr, kein anderes Thema treibt die Bürgerschaft mehr um und treibt tiefere Keile in die Gemeinschaft – und das nun schon seit mehr als elf Jahren. Im November 2021 fand die 589. Montagsdemo statt.

Was steckt hinter dem Projekt? Ziel ist es, den bisherigen oberirdischen Kopfbahnhof in einen unterirdischen Durchgangsbahnhof umzubauen. Dazu muss der Gleiskörper um 90 Grad gedreht und massiv in die Umgebung eingriffen werden: Den Tiefbauarbeiten fielen Teile des Schlossgartens mit 280 teils uralten Bäumen und die Seitenflügel des denkmalgeschützten Bahnhofbaus zum Opfer. Wo bislang oberirdisch die Bahngleise verlaufen, entsteht in bester Citylage eine Freifläche für einen komplett neuen Stadtteil, der nach Fertigstellung des Bahnhofs realisiert werden soll. Auch der Ausbau der ICE-Bahnstrecke nach Ulm gehört zum Gesamtpaket und soll Stuttgart in Richtung Osten ins Netz der Hochgeschwindigkeitszüge einbinden.

ZERRÜTTETES VERHÄLTNIS

Wenngleich es über die Jahre weniger geworden sind, regt sich bei vielen Stuttgartern Protest. Die Kritik der Projektgegner, untermauert mit Expertenmeinungen, setzt zunächst auf der Kostenseite an. Die ursprüngliche Kalkulation sei schöngerechnet, eine exorbitante Steigerung program-

Der unter Denkmalschutz stehende Stuttgarter Hauptbahnhof ist „Stuttgart 21" teilweise zum Opfer gefallen – das treibt viele Bürger der Stadt noch immer auf die Barrikaden.

miert, das überflüssige Prestigeobjekt ziehe Geld an wichtigeren Stellen ab. Die Großbaustelle Bahnhofsareal bringt außerdem einen Verlust der Lebensqualität durch jahrelangen Lärm, Baustellenverkehr, Chaos im Nah- und Fernverkehr und Containerstädte für Bauarbeiter. Schwer wiegt auch der Vorwurf, große technische Risiken würden ignoriert. Denn die Tunnelbauten durch das sensible Gestein Stuttgarts sind in der Tat eine Herausforderung. Ein Gutachten geht von erheblichen „Quelldruckschäden" in den Tunneln aus. Sie führen zu erhöhten Kosten und vor allem langfristigen Folgekosten.

Am 2. Februar 2010 erfolgte der symbolische Start des Bauprojekts, das die Stadt zunächst gesellschaftlich in eine Krise stürzte. Der 30. September 2010 ging als „Schwarzer Donnerstag" in die Landesgeschichte ein: Als es zu massiven Protesten gegen die Baumfällungen im Schlossgarten kam, setzte die Polizei Wasserwerfer und Pfefferspray gegen die Demonstranten, darunter auch zahlreiche Jugendliche, ein. Dies schlug enorme Wellen – tatsächlich stellte das Landgericht Stuttgart später fest, dass der Polizeieinsatz rechtswidrig war.

GEPLANTE FERTIGSTELLUNG

Bei einer landesweiten Volksabstimmung am 27. November 2011 stimmten 58,9 Prozent der Wahlberechtigten gegen den Ausstieg des Landes aus der Finanzierung von Stuttgart 21. Während die Bahn ihre Gruben gräbt, Stollen durch Stuttgarts Hügel treibt und man die langsame Fertigstellung des Bahnhofs vom Turmforum aus beobachten kann, protestieren die Projektgegner weiter. Und wann wird Stuttgarts Herz wieder baustellen- und staufrei sein? Die Fertigstellungstermine wurden mehrfach korrigiert. Sachstand im November 2021: die Neubaustrecke Wendlingen – Ulm soll Ende 2022 in Betrieb gehen, der unterirdische Bahnhof Ende 2025 fertig sein. Was das Bahnprojekt am Ende kosten wird, steht in den Sternen.

Fakten zu „Stuttgart 21"

Gesamtkosten: geschätzt 9,6 Milliarden € (Ende 2020)
Gedeckt durch Finanzierungsvertrag der Projektpartner: Deutsche Bahn, BRD inkl. EU-Zuschüsse, Land Baden-Württemberg, Stadt Stuttgart, Flughafen Stuttgart, Region Stuttgart

Informationen: InfoTurmStuttgart (bei Gleis 16)
(Mo.–Fr. 9.00–19.00, Mi. bis 21.00, Sa., So. 9.00–18.00 Uhr, www.bahnprojekt-stuttgart-ulm.de, www.its-projekt.de).
Projektgegner: www.kopfbahnhof-21.de

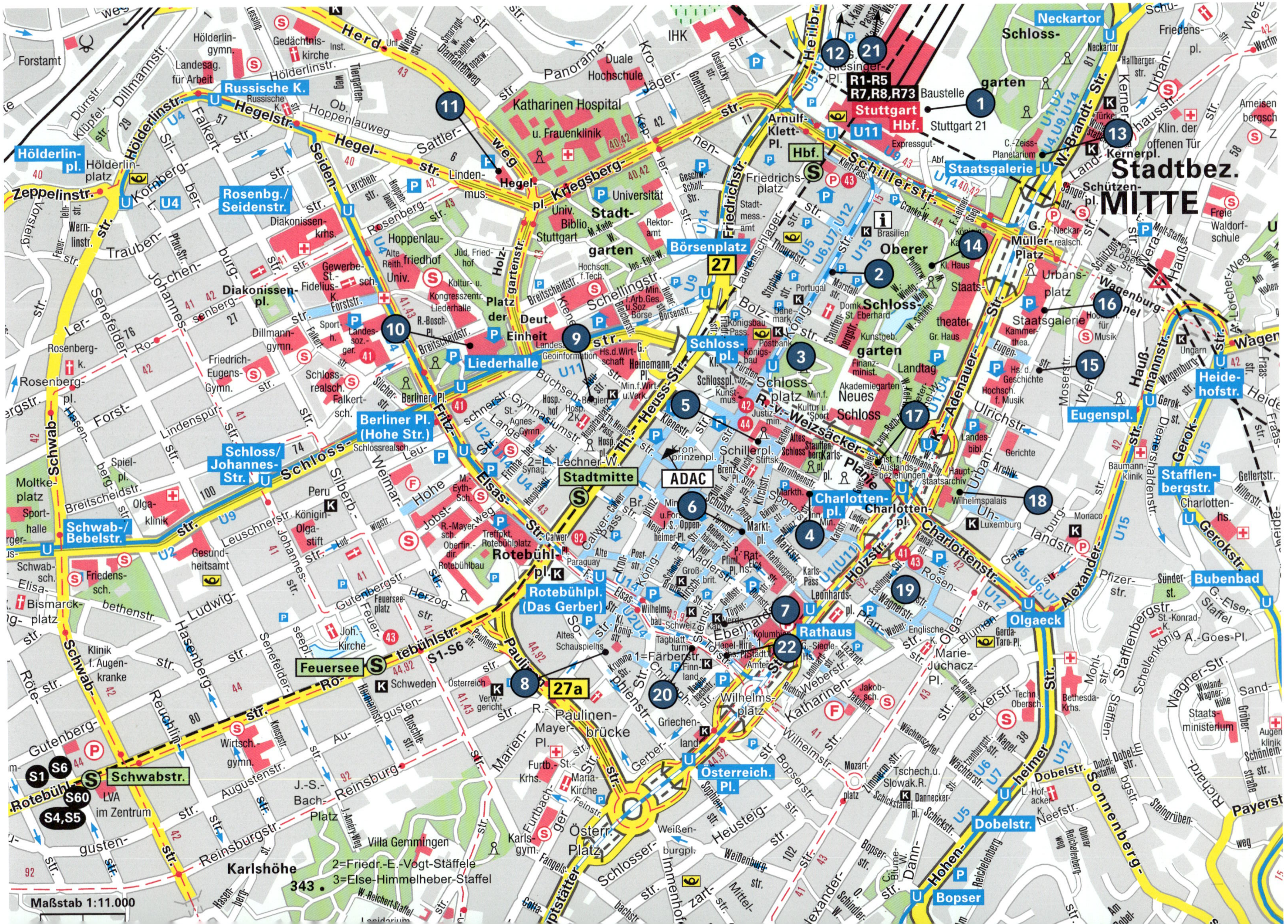
Stadtbez.
MITTE
Stuttgart Hbf.
R1-R5
R7,R8,R73
Baustelle
Stuttgart 21
Schlossgarten
Oberer Schlossgarten
Neues Schloss
Landtag
Staatsgalerie
Neckartor
Heidehofstr.
Eugenspl.
Stafflenbergstr.
Bubenbad
Olgaeck
Dobelstr.
Bopser
Charlottenpl.
Rathaus
Österreich. Pl.
Rotebühlpl. (Das Gerber)
Stadtmitte
ADAC
Börsenplatz
Schlosspl.
Liederhalle
Berliner Pl. (Hohe Str.)
Schloss/Johannes-Str.
Rosenbg./Seidenstr.
Russische K.
Hölderlinpl.
Schwab-/Bebelstr.
Feuersee
Schwabstr.
Katharinen Hospital
u. Frauenklinik
Universität
Stadtgarten
Hoppenlau-friedhof
Karlshöhe
Villa Gemmingen
2=Friedr.-E.-Vogt-Stäffele
3=Else-Himmelheber-Staffel
Maßstab 1:11.000

KOMMEN, SEHEN, STAUNEN

Stuttgart intensiv: Theater, preisgekrönte Oper und Ballett, namhafte Museen und Sammlungen, dazu viele nette Szeneecken locken in die Innenstadt – und das alles kompakt in fußläufiger Entfernung zueinander.

● Allgemein

Ältester Siedlungsbereich der heutigen Landeshauptstadt von Baden-Württemberg (63 000 Einw.) ist Bad Cannstatt, einst gesichert von einem römischen Kastell (1. Jh.). Stuttgart selbst geht auf ein vor 948 gegründetes Gestüt zurück. Die zugehörige Siedlung (1219 Stadtrecht) wurde 1317 württembergische Residenz und blieb es bis zum Abdanken der Könige von Württemberg 1918. 1944/45 zerstörten Bombardements über zwei Drittel der Stadt.
Die Region Stuttgart (2,8 Mio. Einw.) gehört zu den einkommensstärksten und wirtschaftlich bedeutendsten Deutschlands und Europas. Neben vielen kleinen und mittelgroßen Unternehmen des Fahrzeug- und Maschinenbaus haben bekannte Unternehmen wie Daimler, Porsche und Bosch hier ihren Sitz, aber auch große Versicherungen. Nicht zuletzt ist die Stadt mit rund 423 ha Rebfläche eine der größten Weinbaugemeinden Deutschlands.

INFORMATION
Tourist-Information, Königstraße 1a, 70173 Stuttgart, Tel. 0711 2 22 80, www.stuttgart-tourist.de

Das 1961 errichtete Landtagsgebäude; Stuttgarts Schillerplatz mit Stiftskirche

● Sehenswert

Vom 1914–1928 errichteten ❶ **Hauptbahnhof** ist nur noch der Rumpf geblieben. Die Seitenflügel des von Paul Bonatz geplanten Kopfbahnhofs fielen dem Bauprojekt „Stuttgart 21" zum Opfer (Ausstellung im InfoTurm bei Gleis 16; s. auch S. 36). Der Mercedesstern, der sich auf der Spitze des Bahnhofsturms seit 1952 drehte, musste im Zusammenhang der Bauarbeiten von Stuttgart 21 vorübergehend seinen angestammten Platz verlassen. Unweit des Bahnofs eröffnete 2011 die neue ⓬ **Stadtbibliothek** (Mailänder Platz 1, www1.stuttgart.de/stadtbibliothek, Mo.–Sa. 9.00–21.00 Uhr, mit Café und Aussichtsplattform). Der würfelartige Bau wirkt tagsüber abweisend, nachts zieht seine blaue Illumination die Blicke auf sich. Herz der Bibliothek ist ein vier Stockwerke hoher, vollständig leerer Raum.
Vom Bahnhof aus durchquert die ❷ **Königstraße** (Fußgängerzone) die gesamte Innenstadt. Im Zentrum der City öffnet sie sich zum ❸ **Schlossplatz TOPZIEL**; der ehem. Exerzierplatz wurde im 19. Jh. in eine Gartenanlage mit zwei Springbrunnen und Musikpavillon umgewandelt. In der Mitte ragt die „Concordia" empor, eine schlanke Jubiläumssäule mit Friedensengel, die König Wilhelm I. 1841–1846 errichten ließ. An der Ostflanke des Platzes öffnet das **Neue Schloss** (1746–1805) weit seine beiden Flügel (Ministerium). Ein goldener Hirsch auf dem Dach markiert das benachbarte **Kunstgebäude** (1910–1913). Nach Westen begrenzen den Schlossplatz der gläserne Kubus des **Kunstmuseums** (2005) und der spätklassizistische **Königsbau** (1856–1860; u. a. Einkaufspassage) mit 34 Säulen.
Nordwestl. liegt der ⓮ **Obere Schlossgarten**, flankiert von **Landtagsgebäude** (1959–1961) und **Staatstheater** (1909–1912), einst Königliches Hoftheater. Hier beginnt der fast 4 km lange **Schlossgarten**, Beginn des „Grünen U", einer Kette von Parks, die über den **Rosensteinpark** die Innenstadt mit dem **Höhenpark Killesberg** verbindet. Jenseits der Konrad-Adenauer-Straße erstreckt sich die „Kulturmeile" mit klassizistischer **Alter** und moderner **Neuer Staatsgalerie** (Altbau urspr. 1838–1843, 1958 wiedererrichtet; Neubau 1984, 2002), der Württembergischen Landesbibliothek (1970; Erweiterungsbau 2020 fertiggestellt), dem **Hauptstaatsarchiv** (1965) und dem **Wilhelmspalais** (1834–1840), das als „StadtPalais – Museum für Stuttgart" (s.u.) genutzt wird.
Wo sich einst der „Stuotengarten" befunden haben soll, stehen ❺ **Schillerplatz** und **Altes Schloss.** Von der ehem. Wasserburg (10. bis 13. Jh.), im 16. Jh. zur Herzogs- und Königsresidenz ausgebaut, kündet noch das trutzigabweisende Äußere. Hingegen überrascht der Innenhof mit Renaissancearkaden und einem Reiterstandbild von Graf Eberhard im Bart (1859 gegossen). Das Schloss ist Sitz des Landesmuseums Württemberg, zu dem auch der 1393 als Kornspeicher erbaute **Fruchtkasten** gegenüber gehört (1578 und 1596). Namensgebend für den Platz ist das von Berthel Thorvaldsen geschaffene, 1839 aufgestellte Schillerdenkmal. Zwei ungleiche Türme charakterisieren die wiederholt umgebaute und in

Tipp

Museum für Kinder

Um Publikumsmagnete auch für junge Menschen ist das Landesmuseum Württemberg nicht verlegen. Speziell für Kinder wurde ein Ausstellungsbereich eingerichtet, wo altersgerecht Landesgeschichte und -kultur erlebt werden kann.

Altes Schloss, Schillerplatz 6, Tel. 0711 89 53 51 11, www.junges-schloss.de, Di.–So. 10.00 bis 17.00 Uhr

den 1950er-Jahren wiedererrichtete **Stiftskirche** (urspr. 12. Jh., innen bis 2003 umgestaltet); aus gotischer Zeit blieb der Südturm. 1534 wurde die erste ev. Predigt Württembergs gehalten; hier wirkte Reformator Johannes Brenz. Die Kirche war Grablege württembergischer Grafen und Herzöge. Der düstere Torbogen, der Schillerplatz und Königstraße verbindet, gehörte einst zur **Stadtmauer** des 16. Jh.s. Nachkriegsarchitektur prägt den 6 **Marktplatz** mit dem Rathaus (1953–1956). Ins Schlaraffenland entführt hingegen die Jugendstil-**Markthalle** (1914). Wer außer Feinkost auch noch schöne Dinge kaufen will, wird im Obergeschoss bei Merz & Benzing fündig. Südlich schmückt in der Geißstraße der 7 **Hans-im-Glück-Brunnen** (1909) einen lauschigen Platz, den Restaurants und Kneipen säumen. Jenseits der Holzstraße (B 14) liegen das 19 **Bohnenviertel** (zw. Charlotten- und Pfarrstraße) mit vielen Boutiquen und Restaurants sowie das **Leonhardsviertel** (zw. Pfarr- und Wilhelmstraße), wo Rotlichtmilieu und Kneipenszene in recht harmonischer Koexistenz leben. Als legendär gilt unter Currywurstliebhabern der Brunnenwirt (Leonhardsplatz 25). Einer der spärlichen Überreste der mittelalterlichen Stadtbefestigung ist der wiederaufgebaute **Schellenturm** (urspr. 1564, Weberstraße 72).

Museen

Stuttgart bietet seinen Besuchern über 50 Museen. Nachfolgend eine Auswahl der bedeutendsten Häuser (s. auch S. 59 ff.):
Als Schatzkammer Württembergs darf das 5 **Landesmuseum Württemberg** TOPZIEL im Alten Schloss gelten (Schillerplatz 6). Es zeigt die bedeutendsten Zeugnisse der Landesgeschichte, u. a. die Grabbeigaben des Keltenfürsts von Hochdorf, 35 000 Jahre alte Tierfiguren aus Mammutelfenbein von der Schwäbischen Alb und die württembergische Königskrone. Dependancen befinden sich im **Fruchtkasten** (historische Musikinstrumente, Schillerplatz 1) und im **Neuen Schloss** (Römisches Lapidarium, Schlossplatz 4). Im Sept. 2021 wurde im Alten Schloss das Museumsfoyer, die historische **Dürnitz,** mit Café, Lounge und Shop wiedereröffnet (Tel. 0711 89 53 51 11, www.landesmuseum-stuttgart.de; Di., Mi. 10.00–17.00, Do. bis 21.00, Fr. bis So. bis 18.00 Uhr). Wohl und Wehe der Landesgeschichte seit 1790 stellt das 15 **Haus der Geschichte Baden-Württemberg** dar (Konrad-Adenauer-Straße 16, Tel. 0711 2 12 38 99, www.hdgbw.de; Di.–So. 10.00 bis 18.00, Do. 10.00–21.00 Uhr). Eine Schatztruhe für Weltenbummler, Kulturfreunde und Kinder ist das völkerkundliche 11 **Linden-Museum** (Hegelplatz 1, Tel. 0711 2 02 23, www.lindenmuseum.de; Di.–Sa. 10.00–17.00, So. 10.00–18.00 Uhr).
Die 16 **Staatsgalerie** TOPZIEL besitzt eine der besten Kunstsammlungen Deutschlands (Konrad-Adenauer-Straße 30–32, Tel. 0711 47 04 00, www.staatsgalerie.de; Di.–So. 10.00 bis 17.00, Do. 10.00–20.00 Uhr). Ein Stern am Stuttgarter Museumshimmel ist das 18 **„StadtPalais – Museum für Stuttgart“,** das die Stuttgarter Geschichte ab dem 19. Jh. zeigt (Konrad-Adenauer Straße 2, Tel 0711 21 62 58 00, www.stadtpalais-stuttgart.de, Di.–So. 10.00–18.00 Uhr). Schwäbische Impressionisten, bedeutende Arbeiten von Otto Dix und erstklassige Wechselausstellungen locken ins 3 **Kunstmuseum** TOPZIEL (Kleiner Schlossplatz 1, Tel. 0711 21 61 96 00, www.kunstmuseum-stuttgart.de; Di.–So. 10.00–18.00, Fr. 10.00–21.00 Uhr). Zeitgenössischer Kunst widmet sich der Württembergische Kunstverein im 3 **Kunstgebäude** (Schlossplatz 2, Tel. 0711 22 33 70, www.wkv-stuttgart.de; Di.–So. 11.00–18.00, Mi. 11.00 bis 20.00 Uhr). Eine wichtige Plattform für junge und ausländische Künstler bildet die 17 **ifa-Galerie Stuttgart** des Instituts für Auslandsbeziehungen (Charlottenplatz 17, www.ifa.de; Di. bis So. 12.00–18.00 Uhr). Das 22 **Museum Hegelhaus**, im Geburtshaus von Georg Wilhelm Friedrich Hegel (1770–1831), widmet sich dem Leben und Werk des Philosophen (Eberhardstraße 53, Tel. 0711 21 62 58 88, www.hegelhaus.de; tgl. 10.00–13.00, 14.00–17.00 Uhr).
An eine Raumkapsel erinnert der Bau des 13 **Carl-Zeiss-Planetarium** (Willy-Brandt-Straße 25, Tel. 0711 21 68 90 15, Programm unter www.planetarium-stuttgart.de). Im August 2020 eröffnete neben der Stadtbibliothek (s.o.) das 21 **Museum der Illusionen**, in dem optische und haptische Täuschungen die Sinne ganz schön durcheinanderbringen (Mailänder Platz 27, https://stuttgart.museumderillusionen.de, tgl. 10.00–20.00 Uhr).

Blick von der Galerie der Markthalle auf das Treiben an den Ständen darunter; Stuttgarts Sommerfest füllt den ganzen Schlossplatz

Musik und Theater

Flaggschiff der Stuttgarter Hochkultur ist das **Staatstheater Stuttgart** – die Oper wurde mehrfach zum Opernhaus des Jahres gewählt, der Chor bereits 13 Mal als Opernchor des Jahres gekürt, das Ballett genießt Weltruf. Spielstätten des Staatstheaters sind das 14 **Opernhaus** („Großes Haus“, Oberer Schlossgarten 6), das 1962 erbaute 14 **Schauspielhaus** („Kleines Haus“, Oberer Schlossgarten 6) und das an die Staatsgalerie angrenzende **Kammertheater** (1983; Konrad-Adenauer-Straße 32), entworfen von James Stirling (für alle Häuser: Info und Kartenbestellung Mo.–Fr. 10.00–18.00, Sa. 10.00–14.00 Uhr unter Tel. 0711 20 20 90, www.staatstheater-stuttgart.de). An der Grenze zum Stuttgarter Westen liegt die 10 **Liederhalle.** Die Akustik des Beethovensaals im 1956 eröffneten, ungewöhnlichen Bauwerk setzt bis heute Maßstäbe (Berliner Platz 1, Tel. 0711 2 02 77 10, www.liederhalle-stuttgart.de). Wichtig sind auch die Schauspielbühnen Stuttgart mit dem 8 **Alten Schauspielhaus** (Kleine Königstraße 9,) und der 3 **Komödie im Marquardt** (Bolzstraße 6, beide Bühnen: Tel. 0711 22 77 00, www.schauspielbuehnen.de). Seit 1961 wird auf Stuttgarts ältester Kabarettbühne, dem 9 **Renitenz-Theater,** erfolgreich gegen den Strich gebürstet (Büchsenstraße 26, Tel. 0711 29 70 75, www.renitenz

Tipp

Tatort Stuttgart

Schon zwei namhafte Krimiautoren haben Stuttgart als Location für Mord und dunkle Machenschaften entdeckt: Heinrich Steinfest und Wolfgang Schorlau. Letzterer lässt seine Hauptfigur, den Privatdetektiv Georg Dengler, vorzugsweise im Basta zur Ruhe kommen. Die Weinstube im Bohnenviertel gibt es tatsächlich. Die Weinauswahl und gute Küche machen sie nicht nur für Spürnasen interessant.

Wagnerstraße 39, Tel. 0711 24 02 28, Mo.– Fr. 16.00–1.00, Sa. 16.00 bis 2.00 Uhr, So. und Fei. geschl., www.basta-stuttgart.de

»DAS BOHNENVIERTEL, … EIN PAAR QUADRATMETER PARIS MITTEN IN STUTTGART.«

Wolfgang Schorlau im Kriminalroman »Die blaue Liste« (2003)

theater.de). Kleinkunst bieten im 20 Kulturareal „Unterm Turm" das **Fitz! Zentrum für Figurentheater** (Eberhardstraße 61, Tel 0711 24 15 41, www.fitz-stuttgart.de) und die **Tri-Bühne** (Eberhardstraße 61a, Tel. 0711 2 36 46 10, www.tri-buehne.de).

Einkaufen

Wichtigste Einkaufsmeile Stuttgarts ist die 2 **Königstraße** (www.koenigstr.de). An ihrem nordöstl. Ende macht die **Klett-Passage** mit ihrem unter der Schillerstraße verborgenen Angebot den Anfang (www.klettpassage.de). Am Schlossplatz schließen sich hinter der Säulenfassade die **Königsbaupassagen** (www.koenigsbau-passagen.de) an. Die 4 **Markthalle** (Dorotheenstraße 4, www.markthalle-stuttgart.de) ist mit ihren rund 40 Verkaufsständen der Genusstempel der Stadt (Mo.–Fr. 7.30–18.30, Sa. 7.00–17.00 Uhr). 2017 eröffnete nebenan das Dorotheen Quartier, kurz **DoQu** genannt, mit viel nobler Fashion, Gastronomie und einem Tesla-Showroom. Das **Milaneo,** eine Mall mit rund 200 Läden und Restaurants zieht nördl. des Hauptbahnhofs Kunden an (Mailänder Platz 7, www.milaneo.com). In der südlichen Innenstadt liegt **Das Gerber** mit 86 Läden (www.das-gerber.de, Sophienstr. 21). Jeden Sa. ist von 8.00 bis 16.00 Uhr 4 **Flohmarkt** auf dem Karlsplatz. Gemüse, Obst und Blumen bietet der 6 **Wochenmarkt** auf Marktplatz und Schillerplatz (Di., Do. 7.00 bis 13.00, Sa. bis 13.30 Uhr).

Hotels / Restaurants

Relativ ruhig liegt das **€ € € Maritim** beim Bosch-Areal (70174 Stuttgart, Seidenstraße 34, Tel. 0711 94 20, www.maritim.de). Jedes Zimmer ein Schmuckstück im **€ € € Zauberlehrling** (70182 Stuttgart, Rosenstraße 38, Tel. 0711 2 37 77 70, www.zauberlehrling.de). Im obersten Stockwerk des Kunstmuseums mit Blick auf Schlossplatz und Königstraße ist das **€ € € Cube** zu finden (Kleiner Schlossplatz 1, Tel. 0711 2 80 44 41, www.cube-restaurant.de). Im Erdgeschoss die **o.T. Bar und Lounge**.

Veranstaltungen

Auf dem Cannstatter Wasen bilden **Frühlingsfest** (Ende April/Anf. Mai) und **Cannstatter Volksfest** TOPZIEL (Ende Sept./Anf. Okt.) die Höhepunkte der Festsaison mit Achterbahn, Bierzelt und Göckele. Wenn Anf. August weiße Zelte den Schlossplatz und den Oberen Schlossgarten schmücken, dann steigt das **Sommerfest** (www.stuttgarter-sommerfest.de). Weinliebhaber und Freunde von gediegener Geselligkeit schätzen das **Weindorf** TOPZIEL (Ende Aug./Anf. Sept.).
Ab Do. vor dem 1. Advent bis zum 23. Dez hüllt der **Weihnachtsmarkt** TOPZIEL die Innenstadt in Glühweinduft. Der Markt zählt zu den schönsten Deutschlands.

JA NATÜR LICH

BAD IN CHAMPAGNERWASSER

Die zweitgrößten Mineralwasservorkommen Europas – rund 44 Millionen Liter bestes Wasser täglich – machen Baden-Württembergs Landeshauptstadt zu einem Hotspot für Gesundheit und Wellness. Mehrere Mineralbäder laden dazu ein, sich einen ganzen Tag lang Ruhe und Entspannung oder auch Spaß und Freizeit hinzugeben.

Staatlich anerkannt und verbrieft speist feinstes Natrium-Calcium-Chlorid-Sulfat-Hydrogenkarbonat-Thermalsäuerling-Wasser die Becken des Mineralbads Berg. Zahlreiche Stammgäste bürgen für die Qualität des Bades und offenbar auch für seine gesundheitsfördernden Kräfte. Der nostalgische (renovierte!) Fünziger-Jahre-Charme des Bades ist fast schon wieder Kult.

Das Flaggschiff der Mineralbäder befindet sich direkt nebenan: das „Leuze". Es ist ganz auf den breiten Publikumsgeschmack ausgelegt, verfügt über große Liegewiesen, FKK-Bereich, ein Kinderland mit Mini-Wasserrutsche, Strömungsbecken und einen unvergleichlichen Saunakomplex. Nur die Mutigsten wagen sich in die Kaltschwimmhalle, deren legendär eisiges, dafür natur-

Blick in die Haupthalle des Mineralbads Leuze: Zwei stark kohlensäurehaltige Heilquellen und eine Mineralquelle speisen die diversen Becken.

belassenes Mineralwasser für prickelnde Nadelstiche auf der Haut sorgt. Mit 18 °C noch um weitere zwei Grad kälter ist das Kaltbecken mit naturkühlem, stark kohlesäurehaltigem Quellwasser im SoleBad Cannstatt, das auf Kurgäste ausgelegt ist. Doch auch Thermalquellen bis zu 36 °C entfalten dort ihre Wohltaten ebenso wie Sauna und Dampfbad.

Mineralbad Berg, Schwanenplatz 9, Tel. 0711 21 69 98 90, tgl. geöffnet
Das Leuze, Am Leuzebad 2-6, Tel. 0711 21 69 97 00, tgl. geöffnet
SoleBad Cannstatt, Sulzerrainstraße 2, Tel. 0711 21 66 62 70, tgl. geöffnet
genaue Öffnungszeiten: **www.stuttgart.de/baeder**

Stuttgart · Stadtteile

*

WASSER UND WEIN

*

Stuttgarts Vororte stehen im Zeichen der weltberühmten Autoschmieden Daimler und Porsche. Schmucke Weinbauorte bilden einen interessanten Kontrast zur Stuttgarter Innenstadt. Der größte Stadtteil, Bad Cannstatt, profitiert von den reichen Mineralquellen.

Solitude, „Einsamkeit", nennt sich die „Maison de Plaisance" des Württemberger Herzogs Karl Eugen.

Hoch her geht es bei den Fahrgeschäften und in den Bierzelten des Cannstatter Volksfests. Von hoch fliegenden Ergebnissen träumen auch die Fans des VfB Stuttgart in der nahen Mercedes-Benz-Arena.

Stiller geht es im Neckarbiergarten in Bad Cannstatt zu.

»UNSER VOLKSFEST IST OFFENSICHTLICH NICHT NUR EIN FEST DER SCHWABEN, SONDERN ENTWICKELT SICH SOGAR INTERNATIONAL ZU EINEM PUBLIKUMSMAGNETEN.«

Marcus Christen vom Veranstalter in.Stuttgart zu »seinem« Cannstatter Volksfest

Das Attribut „Bad“ verdankt Cannstatt den Mineralquellen. Wo immer man in die Erde bohrt, blubbert es recht schnell. Aus mehreren öffentlichen Brunnen quillt reinster Sprudel, den Sparsame und Gesundheitsbewusste kanisterweise für den Hausgebrauch abfüllen. Wozu auch Mineralwasser kaufen, wenn es den besten Sprudel vor der Haustür gratis gibt? Von Kuratmosphäre ist in dem dicht besiedelten Stadtteil jedoch höchstens im lauschigen Kurpark etwas zu spüren.

Cannstatter mögen es gar nicht, wenn ihre Wasser, ihre Wilhelma und ihr Wein unter der Flagge von Stuttgart segeln. Die Zweckehe des in Römerzeiten gegründeten Ortes mit dem „Emporkömmling“ Stuttgart, 1905 geschlossen, hat noch immer nicht zu inniger Liebe geführt. „Denn ein Cannstatter hat ganz andere Wurzeln (...) und will mit Stuttgart nichts zu tun haben. Der Stuttgarter bringt seinen Blick schwer über seinen Bergleshorizont hinaus. Stuttgart brodelt im Kessel, während Cannstatt frei und offen am Neckar und im Lande liegt.“ So der Satiriker Thaddäus Troll – natürlich selbst ein Cannstatter.

BROT UND SPIELE

Mit Recht darf der Neckar als die Achse von Brot und Spielen gelten: Mehrere große Event- und Sportstätten der Stadt säumen ihn – nicht zuletzt das Festgelände Cannstatter Wasen. Alljährlich drehen sich hier die Riesenräder, Göckele brutzeln am Spieß und Bierkrüge kreisen beim Cannstatter Volksfest. 2008 wurden dort noch sehr vereinzelt Menschen in Tracht zwischen Bierzelt und Achterbahn gesichtet. 2009 brach der Damm, und zur Überraschung vieler gehörte es zum guten Ton, in Tracht aufzukreuzen. Auch in den Schaufenstern der Stuttgarter Nobelkaufhäuser tauchen zur Volksfestzeit plötzlich fesche Dirndl, Hirschfänger und Lederhosen auf. Einheimische wie Auswärtige haben offenbar ihre Freude dran. „Sieht gut aus, steht für Tradition – und im Bierzelt bekommt man leichter Einlass“, geben Trachtenträger zu Protokoll. Gleichwohl gefällt's nicht jedem Traditionalisten – denn was sucht nur eine bayerische Kluft in schwäbischen Gefilden?

An den Samstagen erhalten die Wasenbesucher Verstärkung von den Fußballfans. Die schwappen aus der direkt benachbarten Mercedes-Benz-Arena heran und begießen Sieg oder Niederlage ihrer Roten in den Bierzelten.

REBEN BIS ZUM HAUPTBAHNHOF

Die vermutlich teuersten Weinlagen Deutschlands dürften in Stuttgart liegen.

Das Museum am Löwentor mit seinen Fossilien und Schloss Rosenstein sind die Heimstätten des Stuttgarter Naturkundlichen Museums. Stolz der Wilhelma ist das Amazonienhaus; bekannt ist der zoologische und botanische Garten aber auch für seine orientalisch anmutende Architektur.

Die Quadratmeterpreise in der Innenstadt sind exorbitant hoch, nichtsdestotrotz stehen auf einigen Innenstadtparzellen Weinstöcke – auf rund zwei Prozent der Stadtfläche insgesamt. Zugegeben ein Kuriosum, das aber darauf verweist, wie gut das städtische Klima den Trauben bekommt. Schon für das Jahr 1108 sind Weingüter im Stuttgarter Kessel verbrieft. Vor allem die am Neckar gelegenen Stadtteile Bad Cannstatt, Untertürkheim, Rotenberg und Uhlbach machen Stuttgart zur Weinstadt. Auf dem Talgrund erwärmte Luft umfächelt die Reben auf den Sonnenhängen und bringt die nötige Süße in die Trauben. Doch damit ist es nicht getan.

Dass Württemberger Weine, die der Schwabe mitunter immer noch vierteles-

»GROSSSTADT ZWISCHEN WALD UND REBEN« – SO WIRBT DIE LANDESHAUPTSTADT MIT IHRER BEVORZUGTEN LAGE.

weise aus dem Henkelglas trinkt, auf dem internationalen Parkett keine Punkte machen, hat sich zuletzt geändert. „Semsakrebsler" wie wenig qualitätsvolle Weine einst auf gut Schwäbisch geschimpft wurden, gehören bei Winzergrößen wie Hans-Peter Wöhrwag, Gert Aldinger und Rainer Schnaitmann der Vergangenheit an. Alte Gewohnheiten mit Erfolg über Bord geworfen haben auch die Genossenschaften wie z.B. die Weinmanufaktur Stuttgart-Untertürkheim. Das Fachmagazin Vinum sprach ihr 2021 gleich zwei Rotweinpreise zu. Erreicht werden konnte dies durch konsequente Umstellung auf Qualität statt Massenweine, zu denen der Großteil der Württemberger Rebensäfte noch immer zählt. Und man betont in der Vermarktung gezielt die Unterschiede: Trollinger fließt als leichter Tischwein ins Glas, der Muskat-Trollinger als frischer Rosé für den Sommer, Spätburgunder und Lemberger, die Leistungsträger, dienen als

Weiter kann ein Blick hier nicht schweifen: auf der Aussichtsplattform des Fernsehturms.

217 Meter ragt der Fernsehturm über dem Stuttgarter Grün auf.

Mittelpunkt des Cannstatter Kurbads ist der klassizistische Kursaal. Ganz dem Rokoko verpflichtet ist hingegen Schloss Solitude am westlichen Stadtrand.

Das Bärenschlössle im Rotwildpark ist ein gern besuchtes Stuttgarter Freizeitziel.

»MIT DIESEM BAUWERK IST ES WOHL GELUNGEN, EINMAL WIEDER ZU ZEIGEN, DASS MAN TECHNISCH NOTWENDIGES GLEICHZEITIG AUCH SCHÖN GESTALTEN KANN, SODASS ES DEN MENSCHEN ZUR FREUDE WIRD UND IHNEN AUCH UNMITTELBAR DIENT.«

Ingenieur Fritz Leonhardt (19C9–1999), »Vater« des Stuttgarter Fernsehturms

Kandidat für den Barrique-Ausbau. Auch für Syrah und Merlot erwärmen sich die Neckar-Winzer. Der uralte Slogan „Kenner trinken Württemberger" könnte langsam auch überregional gelten.

EINE BURG ALS LIEBESOPFER

Hoch über den Weinstöcken Untertürkheims hebt sich eine Art Tempel gegen den Himmel ab. Ursprünglich stand auf dem Rotenberg die Burg des Konrad von Wirtemberg, dem das Bundesland seinen halben Namen verdankt. 1083 wurde die Kapelle der Burg geweiht, wie die landesweit älteste erhaltene Inschrift von einer Burg verkündet. Diese Jahreszahl gilt als der Beginn des Hauses Württemberg. Geschleift hat die zuletzt im 16. Jahrhundert ausgebaute Anlage weder Feuer noch Feind, sondern Konrads Nachfahre Wilhelm I., der zweite König von Württemberg. Er machte Stuttgart städtebaulich zur königlichen Residenz, opferte aber auch den gut erhaltenen Stammsitz seines Hauses einer Art schwäbischem Taj Mahal für seine Gattin, der Zarentochter Katharina Pawlowna. Ob aus schlechtem Gewissen seiner Affären wegen oder aus inniger Liebe, sei dahingestellt. Nach drei Jahren an seiner Seite, hatte die 31-Jährige 1819 eine Lungenentzündung dahingerafft.

Hofbaumeister Giovanni Salucci entwarf das Grabmal, das an einen antiken Tempel erinnert – heute ist es vor allem der herrlichen Aussicht wegen ein beliebtes Ausflugsziel: Richtung Süden dräut dunkelblau die Alb, gleich zu Füßen des Württembergs quetscht sich der Neckar durch sein Betonkorsett, flankiert von Häfen und dem ausufernden Werksgelände der Daimler-Autoschmiede. Und unübersehbar prangt zwischen Bürotürmen, Fabriken und Straßen das riesenhafte Metallherz des Mercedes-Museums.

»UNDEUTSCHES ARABERDORF«

Autos mögen eine Leidenschaft der Schwaben sein, als Lebensmotto gilt ihnen „schaffe, schaffe, Häusle baue!" Es ist bemerkenswert, welch Experimentierfreude die Stuttgarter auf dem Feld des Bauens an den Tag legen. Der „Spiegel" nannte die Stadt 2008 gar das „Architektur-Labor der Moderne" und bescheinigt ihr, dass hier die spannendsten Entwicklungen der deutschen Baukunst stattfinden. Jüngstes Objekt ist das spektakuläre Porsche-Museum in Zuffenhausen. Doch angefangen hatte alles am Weißenhof: Was unter der Leitung von Ludwig Mies van der Rohe 1927 in Stuttgart-Nord aufgemauert wurde, entsprach der Aufbruchstimmung nach dem Ers-

Mit seiner Mischung aus Schauspiel, Tanztheater, Jazz, Literatur, Rock- und Popmusik, Kabarett, Comedy und politischen Diskussionen hat sich das Theaterhaus etabliert.

In den 1920er-Jahren revolutionär, heute als klassische Moderne geschätzt: die Weißenhofsiedlung – hier das Doppelhaus von Le Corbusier mit dem Museum.

ten Weltkrieg: Modern, klar, übersichtlich sollten die schneeweißen Kuben der Weißenhofsiedlung eine neue Epoche des funktionalen Wohnens für Großstadtmenschen einläuten. Von der Konkurrenz als eine „Vorstadt Jerusalems" geschmäht, wurde die Weißenhofsiedlung im Dritten Reich ein „undeutsches Araberdorf" geschimpft. Lange Zeit, das muss man zugeben, taten sich auch die Stuttgarter schwer mit dem Flaggschiff der Architekturstadt Stuttgart.

GANZ OBEN

Bei der Rückkehr in die Heimat wird etlichen Stuttgartern warm ums Herz, wenn der Fernsehturm am Horizont erscheint. Hoch ragt die schlanke Betonnadel über die grüne Walddecke auf, ein viele Kilometer weit sichtbares Willkommen. Ursprünglich plante der Süddeutsche Rundfunk 1953 den Bau eines hässlichen Stahlgittermastes, um die Übertragung auch bis in den hintersten Winkel des Kessels zu ermöglichen. Glücklicherweise trat Bauingenieur Fritz Leonhard auf den Plan. Seine Idee: eine Konstruktion aus Stahlbeton – das gab es bislang noch nirgends.

AM BÄRENSCHLÖSSLE

Zu den beliebtesten Naherholungszielen Stuttgarts zählen die Wälder im Westen der Stadt mit dem Bärenschlössle. Das ehemalige Jagdgebiet der württembergischen Souveräne bildet als Rot- und Schwarzwildpark das größte Naturschutzgebiet der Stadt. Auf rund 830 Hektar Fläche stehen Stuttgarts eindrucksvollste Baumgestalten: knorrige Eichen, teils weit über 400 Jahre alt, mächtige Buchen mit Ästen so dick wie Baumstämme. Dazu säumen riesige Linden und Weißbuchen Bären-, Neuen und Pfaffensee.

An Vormittagen liegen diese ruhig und einsam im Wald. Gegen 16 Uhr und erst recht am Wochenende steigt die Besucherzahl rasant: Dann drehen Spaziergänger, Jogger, Radler und Nordic Walker hier ihre Runden. Im Bärenschlössle,

Mit seiner Warte auf der Uhlandshöhe greift Stuttgart nach den Sternen.

Rustikal geht es beim Haus- und Hoffest im Weingut Zaiß in Obertürkheim zu wie auch in der Besenwirtschaft des Rotenberger Weinguts Diehl.

Oberhalb der Rotenberger Weingärten liegt das pompöse Grabmal von König Wilhelm I. und seiner Gemahlin Katharina.
In stimmungsvoller Kulisse bittet Hans Peter Wöhrwag in seinem Weingut zur Probe.

Bildung

Special

Heimat der Waldorfschule

Auf der Stuttgarter Uhlandshöhe öffnete 1919 die erste Waldorfschule.
Wegbereiter war der Stuttgarter Zigarettenfabrikant Emil Molt (1876–1936), der sich stark sozial engagierte und auch den Kindern seiner Arbeiter eine höhere Schulbildung zukommen lassen wollte – seinerzeit ein Novum. Angetan von den Ideen Rudolf Steiners (1861–1925), hatte er den Gründer der Anthroposophie gebeten, das reformpädagogische Konzept zu entwickeln. Kein Sitzenbleiben, Fremdsprachen ab der 1. Klasse und ein vielseitiger künstlerischer Unterricht kennzeichnen die mittlerweile weltbekannte Schulform, deren Namen sich von Molts Zigarettenmarke Waldorf-Astoria ableitet. 1919 wurde der Schulbetrieb aufgenommen. 1922 bezog diese erste Waldorfschule den anthroposophisch gestalteten Bau.

dem ursprünglich 1768 von Herzog Carl Eugen erbauten Jagdhaus, erhalten sie Vesper und Viertele, Kaffee und Kuchen. Generationen Stuttgarter Kinder saßen schon auf den beiden großen Bronzebären, die die Freitreppe flankieren. An schönen Sommersonntagen spielen Blaskapellen auf, Würstchen werden gegrillt, Bier gezapft, Eis verkauft und Feiertagslaune schwappt über die weiten Wiesen und Terrassen rundum. Wie durch ein Wunder gelingt es Wäldern und Seen sich Nacht für Nacht vom Ansturm zu erholen, um bei Tagesanbruch von Neuem ihren Zauber zu entfalten.

Autostadt Stuttgart

ALLES EINSTEIGEN!

In Stuttgart wird der Stoff gewoben, aus dem Autoträume sind. Die Nobelmarken Mercedes-Benz und Porsche machten von hier aus beispiellose Karriere. Auch die Firmenmuseen sind nicht ganz alltäglich.

Eines von rund 80 Porsche-Modellen, die im Zuffenhausener Museum zu sehen sind: der silbergraue Spyder.

Der Drang der Schwaben zum Tüfteln ist sprichwörtlich, und einen nicht unerheblichen Teil des wirtschaftlichen Erfolgs verdankt Baden-Württemberg seinen Erfindern. Im besonderen Maße gilt das für die Hauptstadt selbst, wo gleich mehrfach Automobilgeschichte geschrieben wurde. Der Erfolg von über 130 Jahren Autoherstellung lässt sich Tag für Tag auf den Straßen der Stadt hören und sehen, aber auch in zwei Museen nacherleben: Außen setzt die Architektur Maßstäbe, innen stehen Ikonen der Autogeschichte.

ZWEI TÜFTLER IM GEWÄCHSHAUS

Ihren Anfang nahm die Geschichte im Jahr 1882. Damals nistete sich in einem ausgedienten Gewächshaus in Stuttgart-Bad Cannstatt das geniale Gespann Gottlieb Daimler (1834 bis 1900) und Wilhelm Maybach (1846 bis 1929) ein. In ihrer Werkstatt entwickelten sie 1883 den ersten schnell laufenden Benzinmotor der Welt, der die wesentliche Voraussetzung für die Entwicklung der Motorfahrzeuge schuf. 1886 baute das Duo den Motor in eine Pferdekutsche ein, die mit 18 Stundenkilometern und ohne Pferde durch die Lande „raste".

Als Erfinder des Automobils gingen sie jedoch nicht in die Lehrbücher ein, denn zeitgleich erfand der Karlsruher Carl Benz (1844–1929) in seiner Mannheimer Fabrik den dreirädrigen „Benz-Patentmotorwagen". Dieser gilt deshalb als erstes Auto der Welt, weil hier Fahrgestell und Motor eine eigenständige Einheit bilden. Viele Jahre standen sich die beiden Autopioniere Daimler und Benz als scharfe Konkurrenten gegenüber. Erst 1926 fusionierten die Unternehmen zur Daimler-Benz AG.

Zum Image Stuttgarts als Autostadt trug außerdem ein Konstrukteur der zweiten Generation bei: der ehemalige Daimler-Mitarbeiter Ferdinand Porsche (1875–1951). Er verließ die Firma nach der Fusion, um sich selbstständig zu machen. 1936 entwickelte er in der Garage des Hauses Feuerbacher Weg 48 das erfolgreichste Automodell, den VW Käfer. Die Sportwagen, Basis der Motorsportlegende Porsche, folgten erst ab 1948.

Nicht nur Autoliebhaber werden im Mercedes-Benz-Museum auf ihre Kosten kommen, auch Architekturinteressierte spricht es an.

Die waghalsig wirkende Konstruktion des Porsche-Museums, entworfen vom Wiener Büro Delugan Meissl, ragt als riesiges Vieleck in den Himmel

WIRTSCHAFTLICHE BLÜTEZEITEN

Beide Autoschmieden setzen ihre ganze Pracht am Stammsitz Stuttgart unübersehbar in Szene: 2006 eröffnete die Daimler AG das größte Automuseum der Welt. Rauschenden Beifall gab es für die Architektur, die laut „Die Zeit" das Großartigste darstellt, was in jüngster Zeit gebaut wurde. Das Bauwerk, geplant vom Amsterdamer UN Studio Ben van Berkel und Caroline Bos, besitzt keine rechten Winkel, keine geraden Wände. Die markanten organisch geformten Außenflächen überzieht eine mattsilber glänzende Haut. So ungewöhnlich das Äußere, so auch die Anmutung im Inneren, das die Doppelhelix der Gene zum Vorbild hatte. Zwei ineinander verwundene Wege nehmen die über 1500 Exponate auf: Im einen erzählen sieben „Mythos-Räume" die Geschichte der Marke, der andere umfasst fünf „Collections-Räume" mit der Produktpalette vom Lkw bis zur S-Klasse.

Gleich neben dem Museum erstreckt sich das Daimler-Stammwerk Untertürkheim. Dort allein arbeiten 18500 Menschen, im Montagewerk im nicht weit entfernten Sindelfingen weitere 25000. Tausende Arbeitsplätze in und um Stuttgart hängen über die Zulieferindustrie ebenfalls am Tropf des Autos und nicht nur an dem mit dem Stern.

Mit 7800 Mitarbeitern ist die Porsche AG in ihrem Stammsitz Stuttgart-Zuffenhausen vertreten. Auch sie hat sich 2009 ein futuristisch-imponierendes Firmenmuseum geleistet. Schneeweiße Räume nehmen fast 100 Modelle der Firma auf, darunter VW Käfer und Traktoren und natürlich die Sport- und Rennwagen.

Beide Museen, nicht zum Sparzwang öffentlicher Einrichtungen verdammt, ziehen bei der Ausstellungstechnik alle Register, um ihre auf Hochglanz polierten Exponate erlebbar zu machen und dem Technikfreund viele Details nahezubringen.

Fakten

Mercedes-Benz Museum
Mercedesstraße 100, Stuttgart-Bad Cannstatt,
Tel. 0711 17 30 00 00, www.mercedes-benz.com/de/classic/museum,
Di.–So. 9.00–18.00 Uhr

Porsche Museum
Porscheplatz 1, Stuttgart-Zuffenhausen, Tel. 0800 35 60 911,
www.porsche.com/germany/aboutporsche/porschemuseum;
Di.–So. 9.00–18.00 Uhr

Anzeige
Sonnenbühl
Schwäbische Alb
SONNENBÜHL
DURCHATMEN. STAUNEN. GENIESSEN
Auszeit. Abenteuer. Wildromantische Wege.
Atemberaubende Höhlenwelten.
Gaumenfreuden und Outdoor-Glück.
Sonnenbühl. Traumziel. Schwäbische Alb.
HIGHLIGHTS SONNENBÜHL
Bärenhöhle & Nebelhöhle
Klimaweg & Grenzgängerweg
Ostereimuseum
Freizeitpark Traumland
Sommerbobbahn & Kletterpark
Golfplatz
Feriendorf Sonnenmatte
Campingplatz
Jugendherberge
Ballonfahrten
Romantik Hotel Hirsch
Landhotel Sonnenbühl
Flugschule Sonnenbühl
... und vieles mehr zum
Entdecken und Genießen
KONTAKT
Tourist-Info | Rathaus Undingen
Hauptstraße 2
72820 Sonnenbühl
Tel.: 07128 / 925-18
Mail: info@sonnenbuehl.de
www.sonnenbuehl.de

MARKGRÖNINGEN
Tamm
ASPERG
Möglingen
Schwieberdingen
Hemmingen
LUDWIGSBURG
KORNWESTHEIM
REMSECK am Neckar
WINNENDEN
Leutenbach
Schwaikheim
Allmersbach im Tal
Weissach im Tal
Rudersberg
MÜNCHINGEN
KORNTAL-
DITZINGEN
GERLINGEN
STUTTGART
FEUERBACH
ZUFFENHAUSEN
BAD CANNSTATT
WAIBLINGEN
Korb
Berglen
WEINSTADT
Remshalden
FELLBACH
Kernen im Remstal
Winterbach
SCHORNDORF
UNTERTÜRKHEIM
BOTNANG
VAIHINGEN
SINDELFINGEN
ESSLINGEN am Neckar
DEGERLOCH
SILLENBUCH
OSTFILDERN
Altbach
PLOCHINGEN
EBERSBACH an der Fils
Reichenbach an der Fils
Adelberg
Baltmannsweiler
Aichwald
Schurwald
LEINFELDEN-ECHTERDINGEN
BÖBLINGEN
Steinenbronn
Schönaich
FILDERSTADT
Denkendorf
Deizisau
Köngen
WERNAU (Neckar)
WENDLINGEN am Neckar
Neuhausen auf den Fildern
Wolfschlugen
Unterensingen
Hochdorf
Albershausen
Schlierbach
Notzingen
KIRCHHEIM unter Teck
Hattenhofen
Zell unter Aichelberg
Aichelberg
Ohmden
Urbach
Maßstab 1:160.000
0
2
4km

STUTTGARTS GRÜNE HÜLLE

Reben, Obstgärten und dichte Wälder, markante Aussichtspunkte, Biergärten, Wanderwege und berühmte Parks: Stuttgart zeigt sich auch in den Außenbezirken von einer gefälligen Seite.

Im Norden

Stuttgarts teuerste Wohnlagen liegen im Norden der Landeshauptstadt. Der Höhenpark Killesberg eignet sich gut zum Flanieren.

SEHENSWERT
Mit dem Abriss des alten Messegeländes am Killesberg 2007 ist ein Stück Geschichte verschwunden: 1939 wurde anlässlich der Reichsgartenschau der ❶ **Höhenpark Killesberg** angelegt, später begannen hier die Transporte jüdischer Bürger in die Vernichtungslager. Auf dem ehem. Messeareal entstanden Wohnungen, große Teile des Parks bleiben jedoch erhalten, so das Tal der Rosen, Streichelzoo und Kinderspielplatz. Am höchsten Punkt steht ein fotogener Seilnetzturm mit toller Aussicht. Zum Park gehören Restaurants, Weinstube und Café sowie eine Kleinbahn. Eine Augenweide ist das **Lichterfest im Juli** (Park tgl. geöffnet, Kleinbahn April–Okt., www.ssb-ag.de/erleben/killesbergbahn). Der 20 m hohe **Bismarckturm** (1903/1904; Am Bismarckturm 369), 2 km südwestl., ist einer der Lieblingsaussichtstürme im Norden.

MUSEEN
1927 entstand die **Weißenhofsiedlung** (östl.) als Bauausstellung der Stadt Stuttgart und des Deutschen Werkbunds. Was unter der Leitung Mies van der Rohes gewagt wurde, zeigt das Weißenhofmuseum in einem der beiden seit 2016 zum Weltkulturerbe zählenden Häuser von Le Corbusier (Rathenaustraße 1, Tel. 0711 2579187, https //weissenhofmuseum.de; Di. bis Fr. 11.00–18.00, Sa., So. 10.00–18.00, Führungen Di.–Sa. 15.00, So. 11.00 und 15.00 Uhr). In **Zuffenhausen** ist die Sportwagenschmiede Porsche beheimatet und am Porscheplatz das ❷ **Porsche-Museum** zu finden (s. S. 54).

Tipp

Im Teehaus

Stadtnah und doch ganz oben – ein Besuch im Teehaus, einem zauberhaft im Weißenburgpark gelegenen Jugendstilpavillon, lohnt sich doppelt: Besonders in den Abendstunden genießt man einen herrlichen Blick auf die Stadt, während die Gastronomie die Schaulustigen mit Speisen und Getränken versorgt.

Teehaus, Hohenheimer Straße 119, Tel. 07 11 2 36 73 60, www.teehaus-stuttgart.de; März–Okt. tgl. 11.00–23.00 Uhr

Blühende Magnolienbäume in der Wilhelma, Bierseligkeit auf dem Cannstatter Volksfest, Akrobatik im Friedrichsbau Varieté

THEATER
Theater ohne „Plüsch und Plunder" schwebte den Initiatoren des 1985 gegründeten ❸ **Theaterhauses** in **Feuerbach** vor, das erfolgreich eine Lücke im Kulturgeschehen der Stadt füllt (Theaterhaus Stuttgart, Siemensstraße 11, Tel. 0711 4 02 07 20, www.theaterhaus.com). Mal bunt, mal schrill – ganz im Zeichen von Comedy und Burlesque steht das ❿ **Friedrichsbau Varieté** (Siemensstraße 15, Tel. 0711 2 25 70 70, www.friedrichsbau.de).

AKTIVITÄTEN
Eine Runde laufen bietet sich beim ❹ **Max-Eyth-See** in der Neckarschleife von **Hofen** an. Stuttgarts größtes Gewässer (17 ha) trägt den Namen des Ingenieurs Max Eyth (1836–1906). Bootfahren ist möglich, wenn auch von Naturschützern kritisch beäugt, ist doch ein Tel des See ein Vogelschutzgebiet von europäischem Rang. Sogar Nachtreiher sind zu sehen.

Bad Cannstatt

Stuttgarts größter Stadtteil führt dank seiner Mineralquellen seit 1933 das Attribut „Bad" im Namen. Keimzelle Cannstatts ist ein Römerkastell aus dem 1./2. Jh. 708 wurde der Ort erstmals urkundlich erwähnt; 1905 erfolgte die Eingemeindung nach Stuttgart.

SEHENSWERT
Die ❺ **Wilhelma TOPZIEL** ist Deutschlands einziger zoologisch-botanischer Garten. 1842 begann König Wilhelm I. mit dem Bau der Anlage, im maurischen Stil gehalten und als „Alhambra am Neckar" gerühmt. Auf 30 ha zeigt einer der größten Zoos Deutschlands, was die Welt an Tieren zu bieten hat – und an Botanik. Die Blüte der Magnolien Ende März im Maurischen Garten wird sehnsüchtig erwartet. Grandios ist das Amazonienhaus, das nicht einzelne Tiere, sondern ein ganzes Ökosystem präsentiert (Neckartalstraße 9, Tel. 0711 5 40 20, www.wilhelma.de; tgl. 8.15–16.00/18.00 Uhr).
Zum Verschnaufen und Innehalten lädt der **Kurpark** mit dem Kurhaus (1825) ein. Im Park ist heute auch das Gartenhaus zu finden, in

dem Gottlieb Daimler und Wilhelm Maybach 1883 den ersten Benzinmotor entwickelten (**Gottlieb-Daimler-Gedächtnisstätte,** Taubenheimstraße 13, Tel. 0711 1 73 00 00; Di.–Fr. 13.00–17.00, Sa., So. 11–17 Uhr).

MUSEEN
Der Wilhelma westl. benachbart ist der Rosensteinpark mit dem 5 **Staatlichen Museum für Naturkunde:** Fossilienschätze zeigt das **Museum am Löwentor** (Nordbahnhofstraße 177, Tel. 0711 893 60, www.naturkundemuseum-bw.de; beide Museen Di.–Fr. 9.00–17.00, Sa., So. 10.00–18.00 Uhr). **Schloss Rosenstein,** 1824–1829 klassizistisch erbaut und mit einem Rosengarten geschmückt, beheimatet die biologische Ausstellung. Höhepunkt ist der 13 m lange Seiwal (Rosenstein 1).
Die nahe dem Cannstatter Wasen gelegene **Straßenbahnwelt Stuttgart** spannt einen Bogen von den Zeiten, als noch Pferde die Bahnen zogen, bis heute (Veielbrunnenweg 3, Tel. 0711 78 85 77 70, www.strassenbahnwelt.com; Mo.–Mi. 10.00–16.00, So. bis 18.00 Uhr).

THEATER
Eine der schönsten Bühnen der Stadt: Das **Wilhelma-Theater,** 1837 von Wilhelm I. westl. des Zoos errichtet, ist heute Bühne der Hochschule für Musik und Darstellende Kunst (Neckartalstraße 9, Karten Tel. 0711 95 48 84 95, www.wilhelma-theater.de).

AKTIVITÄTEN
Neckarauf, an den Weinberghängen entlang, und neckarab verkehrt die **Neckar-Schifffahrt** („Neckar-Käpt'n", Tel. 0711 54 99 70 60, www.neckar-kaeptn.de; ab Anlegestelle Bad Cannstatt/Wilhelma-Ufer Linien- und Erlebnisfahrten, Ostern–Okt.).

Tipp

Nostalgische Bergfahrt

Eine Reise in die Vergangenheit verspricht die Standseilbahn. Seit 1929 überwindet sie 85 Höhenmeter zwischen dem Südheimer Platz in Heslach und dem Waldfriedhof – weshalb die Bahn im Volksmund auch „Erbschleicherexpress" genannt wird. Die Originalsitze sind aus Mahagoni und mit hübsch geschnitzten Füßen verziert, Teakholz verkleidet die museal wirkende Bahn. Oben am größten und schönsten Friedhof der Stadt angelangt, lohnt sich ein Rundgang zu den letzten Ruhestätten der berühmtesten Stuttgarter: Theodor Heuss, Robert Bosch, Oskar Schlemmer, die längst vergessene Dompteurin Claire Heliot u. v. a.

Fahrplan: www.vvs.de

Blick von Untertürkheims Weinbergen auf den NeckarPark. Die Uhlbacher Kelter präsentiert Denkmäler aus der Weinbaugeschichte.

RESTAURANT
Ein sehr lauschiger Biergarten auf der **Wangener Höhe**: **€ / € € Friedrichsruh** (In den Stubenweinbergen 1, Tel. 0711 46 46 45, www.wirtshaus-friedrichsruh.de; tgl. ab 17.00, Sa. ab 15.00, So. ab 13.00 Uhr, Mo. Ruhetag).

UMGEBUNG
Arbeiterwohnviertel prägen den „roten Osten", wie Stuttgart-Ost früher genannt wurde. Hafen- und Industriegelände durchziehen **Untertürkheim.** Wie **Rotenberg** und **Uhlbach** geht auch dieser Vorort auf Weinbaudörfer zurück. Zum Veranstaltungsgelände 6 **NeckarPark** am östl. Flussufer gehören u. a. der **Cannstatter Wasen** (Cannstatter Volksfest), die Mehrzweckhallen **Hanns-Martin-Schleyer-Halle**, **Porsche-Arena** und die **Mercedes-Benz-Arena,** Heimspielstätte des VfB Stuttgart. Hinter dem 6 **Mercedes-Benz-Museum** TOPZIEL (s. S. 54) beginnt das Daimler-Werksgelände. Ab dem Mercedes-Benz-Museum gibt es eine **Weintour im Doppeldecker** durch die Weinlandschaft Stuttgarts und zu Weingütern (www.stuttgart-tourist.de/stuttgart-buchen/stuttgart-citytour/stuttgart-citytour-weintour).

Im Süden

Fernsehturm, Musicalspielstätten und viel Grün machen den Süden Stuttgarts attraktiv.

SEHENSWERT
Stuttgarts Wahrzeichen, der 1956 erbaute und 217 m hohe 7 **Fernsehturm,** bietet von seiner Panoramaplattform aus die beste Sicht über Stadt und Land (Jahnstraße 120, Tel. 0711 23 25 97, www.fernsehturm-stuttgart.de, Mi.–Fr. 12.00–21.30, Sa. 10.00–21.30, So. 10.00 bis 19.00 Uhr, mit Panoramacafé und -restaurant Leonhardts).

MUSEEN
Ungewöhnlich: Über 200 Plastiken zerstörter Häuser bewahrt das **Städtische Lapidarium**

(Mörikestraße 24/1, Willi-Reichert-Staffel, südwestl. der Innenstadt, Tel. 0711 21 62 58 00, www.stadtpalais-stuttgart.de/museumsfamilie/staedtisches-lapidarium; Mi., Sa., So. 14.00 bis 18.00 Uhr). Vom ersten Ackerbauern zum High-Tech-Mähdrescher beleuchtet das 8 **Deutsche Landwirtschaftsmuseum** die Geschichte des Ackerbaus (Uni Hohenheim, Garbenstraße 9, Tel. 0711 45 92 21 46, www.dlm-hohenheim.de; April–Okt. Di.–Fr. 10.00 bis 13.00 und 14.00–17.00, Sa., So. 10.00–17.00, sonst nur So. 10.00–17.00 Uhr). Nicht versäumen: den **exotisch-botanischen Garten** der Universität, der bildschöne Bäume und seltene Pflanzen birgt.

THEATER UND MUSICAL
Klein, fein, bester Ruf und immer für Überraschungen gut: das **Theater Rampe** (Filderstraße 47, Tel. 0711 62 00 90 90, www.theaterrampe.de). Anlaufstelle für Musicalbegeisterte ist das 9 **SI-Centrum** mit den Musicalbühnen **Palladium Theater** und **Apollo Theater** (Plieninger Straße 100, für beide Ticket-Hotline Tel. 0711 7 21 11 11, www.si-centrum.de).

HOTEL UND RESTAURANTS
Die Lage in unmittelbarer Nähe zum Fernsehturm ist kaum zu überbieten. Innen überzeugt das **€ € € Waldhotel Stuttgart** durch schlichte Eleganz. Man speist im edlen Restaurant Finch, im Sommer auch auf der herrlichen Terrasse (Guts-Muths-Weg 18, Tel. 0711 18 57 20, www.waldhotel-stuttgart.de). Bei

»DIE WELTWEITE NACHFRAGE NACH KRAFTFAHRZEUGEN WIRD EINE MILLION NICHT ÜBERSCHREITEN ...«

Gottlieb Daimler

Tipp

Schwäbische Geselligkeit

Die Schwaben, so heißt es, sind ein schwer zugänglicher, bisweilen verschlossener Menschenschlag. Vom Gegenteil kann sich überzeugen, wer in Besenwirtschaften einkehrt, die es rund um Stuttgart überall dort gibt, wo auch Reben wachsen. Für einige Wochen im Jahr (vor allem Nov./Dez. und Feb.–April) öffnen Winzer ihre urigen Gaststuben, um traditionell den Wein aus eigener Produktion auszuschenken; dazu gibt es einfache Speisen wie Sauerkraut und Vesperplatten. Schnell belegt sind die oft raren Sitzplätze, weshalb es schnell gesellig wird – Berührungsängste sind jedenfalls fehl am Platz. Wo aktuell ein „Besen" geöffnet hat, erfährt man unter www.besentermine.de/stuttgart.html.

Schönwetter: auf die Karlshöhe in den Biergarten **€ Tschechen und Söhne** (Humboldtstraße 44 Tel. 0711 6 74 40 64, www.biergarten-karlshoehe.com). Schwäbische Küche, sagenhafte Aussicht auf den Stadtkessel und immer viele junge Leute. Maultaschen und Getränke werden an der Selbstbedienungstheke geholt.

Im Westen

Schicke Altbauwohnungen, große Kneipenszene: Trotz Parkplatznot zählt der Westen zu den beliebten Stadtteilen der Young Urban Professionals.

SEHENSWERT

1763 ließ Herzog Karl Eugen das **11 Jagd- und Lustschloss Solitude** anlegen. Viele rauschende Feste fanden hier statt. Schnörkeliges Rokoko prägt die Innenräume, die heute für Hochzeiten und Konzerte genutzt werden (Solitude 1, Tel. 0711 3 51 47 72, www.schloss-solitude.de; Sa., So. 11.00–16.00 Uhr; Schlossgarten immer geöffnet).

Südl. der Wildparkstraße (Bundesstraße 14) breitet sich um das Bärenschlössle der **Rot- und Schwarzwildpark** mit seinem uralten Eichen- und Buchenbestand aus.

HOTELS UND RESTAURANTS

Sehr ruhig am Waldesrand gelegen, sind es vom **€ € € Waldhotel Schatten** nur einige Gehminuten bis in den Rotwildpark und zum Bärenschlössle (Büsnau, Magstadter Str. 2, Tel. 0711 6 86 70, www.relexa-hotel-stuttgart.de). Das **€ Bärenschlössle** ist ein beliebtes Ausflugsziel im Rotwildpark (Mahdentalstr. 14, Tel. 0711 69 25 50, www.baerenschloessle-stuttgart.de; Di.–Sa. 10.00–22.00, im Winter bis 20.00, So. ab 9.00 Uhr).

WANDERUNG FÜR STANDHAFTE

Die Großstadt scheint meilenweit weg: Dörfliches Flair charakterisiert Obertürkheim, Rotenberg und Uhlbach. Der Stuttgarter Weinwanderweg führt durch diese Stadtteile und mitten durch die Weinberge. Auf dem gut ausgeschilderten Weg geht keiner verloren, doch die vielen Einkehrmöglichkeiten wirken mitunter als Bremsklotz.

Start ist Obertürkheim am Bahnhof, und eine erste Tafel führt Weinfreunde gleich in Versuchung: Sie zeigt an, welche Besenwirtschaften (s. auch Tipp links) geöffnet haben. Wer widersteht, wandert aus dem Ort hinaus, in die Reben hinein und auf Uhlbach zu. Winzerhäuser und eine mächtige Kelter markieren das Zwischenziel, Trollingerstraße, Riesling- und Sylvanerweg verraten, was auf Uhlbachs Hängen wächst. In der Kelter selbst hat das Weinbaumuseum Stuttgart seinen Sitz. Ein mächtiger Torkel (Weinpresse) von 1885 zählt zu den wichtigsten Schaustücken, Weinverkostungen bremsen weitere Wanderer aus.

Der Weinwanderweg ist immer ein lohnendes Ziel, besonders reizvoll ist er jedoch im Herbst, wenn Besenwirtschaften und das leuchtende Laub der Reben locken.

Quer durch die Weinberglandschaft geht es nun steil hinauf nach Rotenberg und zur klassizistischen Grabkapelle Württemberg. Sobald man sich von der herrlichen Aussicht aufs Neckartal und den letzten gemütlichen Wirtschaften losreißen kann, führt der Weg rund um den Mönchsberg und dann schnurgerade zurück zum Startpunkt.

Weinwanderweg Untertürkheim: 11 km, Wanderzeit knapp 4 Std. (Logo Traube und Glas); Rückfahrt zum Bhf. Obertürkheim auch mit Bus von Uhlbach und Rotenberg möglich (www.stuttgart-tourist.de/wein-in-stuttgart/weinwanderwege-stuttgart)
Weinbaumuseum Uhlbach: Die historische „Alte Kelter" gibt einen multimedialen Einblick in 2000 Jahre Weinbaukultur inkl. Probiermöglichkeit in der Vinothek (Uhlbacher Platz 4, Do.–So. 11.00 bis 18.00 Uhr, www.stuttgart-tourist.de/a-weinbaumuseum-stuttgart)

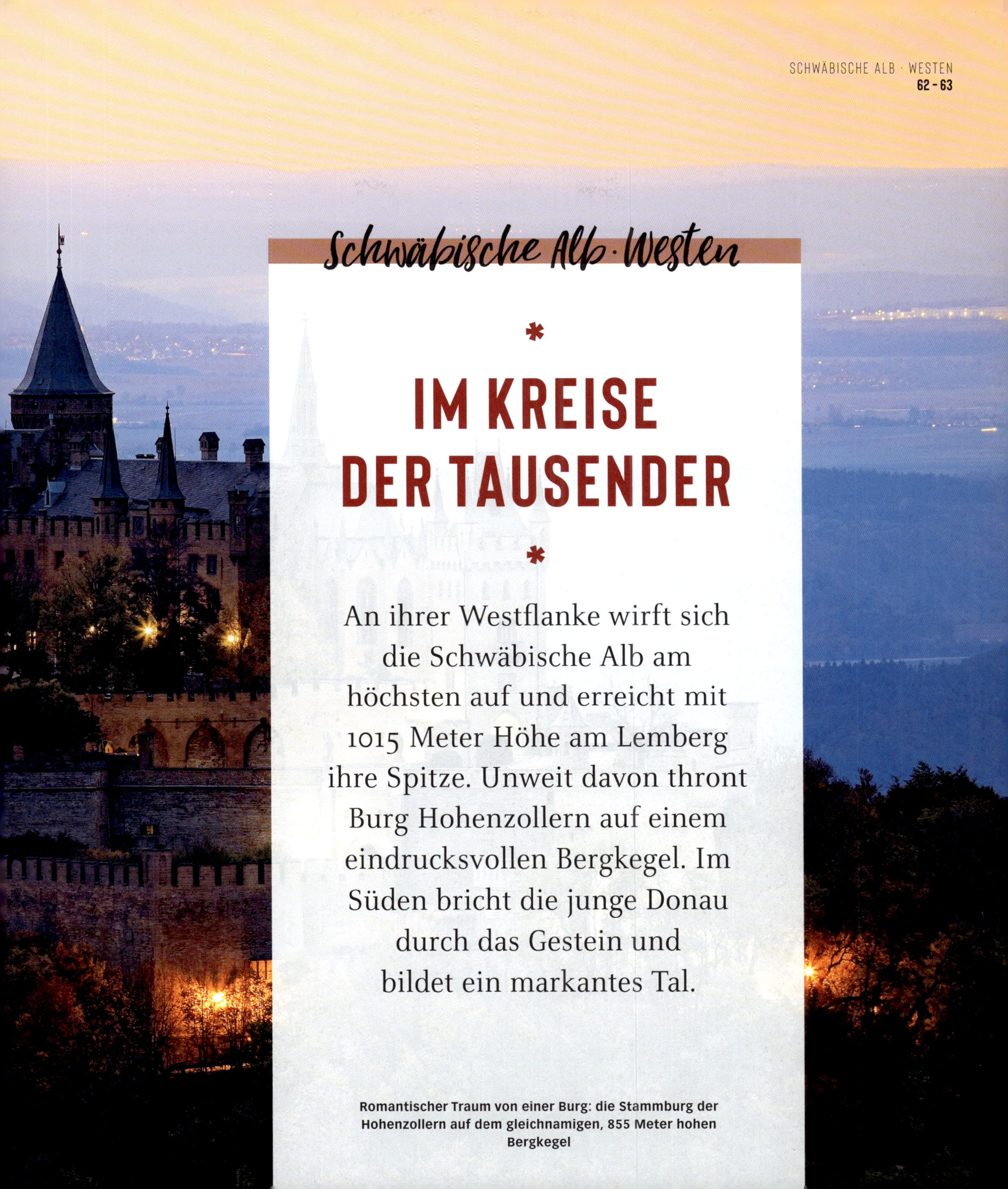

Schwäbische Alb · Westen

*

IM KREISE DER TAUSENDER

*

An ihrer Westflanke wirft sich die Schwäbische Alb am höchsten auf und erreicht mit 1015 Meter Höhe am Lemberg ihre Spitze. Unweit davon thront Burg Hohenzollern auf einem eindrucksvollen Bergkegel. Im Süden bricht die junge Donau durch das Gestein und bildet ein markantes Tal.

Romantischer Traum von einer Burg: die Stammburg der Hohenzollern auf dem gleichnamigen, 855 Meter hohen Bergkegel

Seit dem 12. Jahrhundert wacht die Burg Werenwag bei Beuron über dem Donautal. Heute ist das Schloss fürstenbergischer Privatbesitz.

Das Durchbruchstal der Donau ist ein herrliches Revier für Wasserwanderer. Im Hintergrund Burg Werenwag.

Weit reicht der Blick nach Westen vom 921 Meter hohen Böllat bei Burgfelden.

Die Schwäbische Alb, sie hat viele Liebhaber, und jeder rühmt sie auf seine Weise. So schätzte Gustav Schwab die Alb, „wo man auf Heiden hoch und kühl / Fern vom Gewühl / Die reinen Lüfte trinket." Und Eduard Mörike schwärmte von ihr als der „blauen Mauer". In der Tat gleicht die markante Stufe des Juragebirges von Norden aus gesehen einem geschlossenen Bollwerk. Erst beim Näherkommen öffnet es sich, gibt burgengekrönte Gipfel frei, weiße Felszinnen, tief eingeschnittene Täler und Schluchten.

Woher der Name „Alb" kommt, ist nicht ganz gewiss. Höchstwahrscheinlich leitet er sich von „Alpe" ab, bezeichnete also eine Bergweide. Große Teile blieben bis heute frei von Industrie und Gewerbe, ein stilles Land aus Wacholderheiden, Wäldern und Äckern.

WENIG BROT, VIEL NATUR

Diese Liebe zur Alb, wie Einheimische die Schwäbische Alb verkürzt bezeichnen, ist eine recht junge Leidenschaft. Im Mittelalter noch war die Gegend, wo der Schnee bis tief ins Frühjahr liegen bleibt und Wassernot die Dörfer kennzeichnete, als „wüstes Gebirg" verschrien. Wer dort oben auf den steinigen Äckern sein Brot verdienen musste, den beneidete niemand. Bittere Armut kennzeichnete die gesamte Region. Erst um 1800 wendete sich das Blatt, als in den Flusstälern Schritt für Schritt Industrie Fuß fasste. Vor allem die Textilindustrie brachte bescheidenen Wohlstand; Leinen und Baumwolle bedeuteten für die Alb dasselbe wie Kohle und Stahl für den Ruhrpott. Albstadt und Umgebung verzeichnen bis heute die größte Ballung von Textilbetrieben in Deutschland. Die Branchenkrisen blieben aber auch hier nicht spurlos, doch etliche Betriebe haben sich behauptet und zu bekannten Playern gemausert. Für Mey, eine der exklusiven Marken, werben sogar ein Frank Schätzing und eine Cosma Shiva Hagen in Unterwäsche und Dessous. Vor der „Tagesschau" hat der Schimpanse der

Das Balinger Zollernschloss, Reiterhaus und Wasserturm
sind in die spätmittelalterliche Stadtwehr integriert.

In Dotternhausen sind diese prächtigen Versteinerungen zu betrachten.

Feinmechanisches Kunstwerk: Rechenmaschine von 1774 von Philipp Matthäus Hahn im nach ihm benannten Museum in Albstadt-Onstmettingen

AUCH AUF DER ALB WIRKTE SCHWÄBISCHER TÜFTLERGEIST – TEXTIL-, FEINMECHANISCHE UND ELEKTRONISCHE INDUSTRIE SIND DESSEN FERNE NACHKOMMEN.

Burladinger Firma Trigema regelmäßig seinen gern belächelten Auftritt. Sein „Herrchen“ Wolfgang Grupp schwört auf Produktion in Deutschland. „Jeder Arbeitsplatz, der hier abgebaut und ins Ausland verlagert wird, ist ein Zeichen des Versagens“, gab der größte deutsche T-Shirt-Hersteller im „Stern“ zu Protokoll. Der Firmenpatriarch, der sich gern mit dem Hubschrauber fortbewegt und sogar den Kindern seiner 1200 Mitarbeitern einen Job garantiert, propagiert Privathaftung für Manager, statt ihnen Abfindungsmillionen hinterherzuwerfen.

RÜCKGRAT WÜRTTEMBERGS

Das „Rückgrat Württembergs“, wie die Alb auch genannt wird, zieht sich von Nordost nach Südwest als mächtiger Riegel rund 200 Kilometer weit quer übers Land. Markenzeichen sind die schneeweißen Jurafelsen, die den Steilabfall an der Nordkante zieren. Nach Süden hin flacht das Gebirge Richtung Bodensee überraschend sanft ab und misst in seiner Breite gerade mal zwischen 40 und 80 Kilometer. Die Kräfte der Erosion, vor allem das Wasser, nagen schon ein Erdzeitalter lang an dem Karstgebirge, haben es mit Höhlen und unterirdischen Wasserläufen durchsiebt und in Stücke gebrochen. Eine Kette von sogenannten Zeugenbergen, die als einsame Kegel vor der Tafel die Abtragungen überstanden, säumt die Nordkante, darunter Ipf, Stuifen, Achalm und der Zollern. Auch in der Tiefe mahlen die Kräfte: Der Hohenzollerngraben sorgt immer wieder für leichte Erdbeben im Hechinger Raum. Der höchste Teil der Alb ist die Westflanke zwischen Balingen und Spaichingen. Mit 1015 Metern Höhe gebührt dem Lemberg die Krone, es folgen Oberhohenberg (1011 m) und Plettenberg (1002 m). Von ihren Gipfeln reicht der Blick bis zur nächsten Mauer: den weiß gezackten Alpen.

KEIN GIPFEL OHNE BURG

Die Zeugenberge entlang dem Albtrauf animierten schon im 11. und 12. Jahrhundert, Höhenburgen zu errichten. Von dort suchten die Grafen ihr Territorium zu überwachen. Eine der ältesten steht auf dem Zollern, einem der schönsten Berge Württembergs. Am Ende seiner wechselvollen Geschichte war das Stammhaus der Hohenzollern zu einer erbärmlichen Ruine verfallen. Als ein Spross dieses Adelsgeschlechts, Kronprinz Friedrich Wilhelm von Preußen, im Jahr 1819 auf dem Rückweg von Italien ihrer erstmals ansichtig wurde, schwor sich der 23-Jährige, die Festung seiner Ahnen wiederaufzubauen. Diese Stunde schlug jedoch erst rund 30 Jahre

Durch einen gotisierenden Vorhof gelangt man zum Zollernschloss, das die Altstadt von Sigmaringen dominiert. Das Königszimmer gehört zu den zu besichtigenden Residenz- und Prunkräumen.Der Dreifaltigkeitsberg bei Spaichingen soll eine alte Sonnenkultstätte gewesen sein. Heute steht hier eine berühmte Wallfahrtskirche aus dem 17. Jahrhundert: Detail aus dem Hochaltar.

später, als er den Königsthron erklommen hatte.

Bis 1867 war der Zollern eine Großbaustelle. Mit dem Märchenschloss im neugotischen Stil, dessen Fertigstellung er allerdings nicht mehr erlebte, gedachte Friedrich Wilhelm IV. zwei Fliegen mit einer Klappe zu schlagen. So sollte die Herrlichkeit des Hauses Hohenzollern-Preußen aufs Eindrücklichste unterstrichen werden – und dessen Führungsanspruch im Deutschen Bund.

Doch weder wachten Soldaten jemals auf den Zinnen, noch donnerten hier Kanonen feindlichen Heeren entgegen. Die Burg wurde vielmehr zur Schatzkammer der Hohenzollern. Zierrat und Mobiliar aus anderen Preußenschlössern fand seinen Weg hierher und versetzt heute das Publikum in Entzücken. Auf Filzlatschen gleiten die Besucher durch herrliche Prunkräume unter Lüstern hindurch, lassen sich von der 1,52 Kilogramm schweren preußischen Königskrone und den Kronjuwelen verzaubern und bestaunen die Tabaksdose Friedrichs des Großen.

Ihre Treffen halten die Hohenzollern bis heute auf dem alten Stammsitz ab. Und wenn der aktuelle Chef des Hauses Hohenzollern, der 1976 geborene Georg Friedrich Prinz von Preußen, auf der Burg weilt, weht die prächtige Preußenflagge hoch über den spitzen Türmen.

EIN FLUSS SÄUFT AB

„Brigach und Breg bringen die Donau zuweg." Diese Eselbrücke hilft seit Generationen Schülern auf die Sprünge. Doch stimmt das wirklich? Auf ihrer Reise zum Schwarzen Meer schneidet sich die Donau tief in die Südwestflanke der Schwäbischen Alb ein. Mächtige Felsen säumen diesen eindrucksvollen Canyon, wo die vor Jahren ausgesetzten Gämsen prächtig gedeihen. Bei Immendingen und Möhringen fließt die junge Donau über ein weißes Schotterfeld. Hier versinkt das Donauwasser und kommt erst rund 13 Kilometer weiter

Vom 956 Meter hohen Raichberg bei Onstmettingen schweift der Blick bei klarer Sicht über die Burg Hohenzollern bis zum Schwarzwald.

Auf dem Klippeneck nördlich von Spaichingen befindet sich Deutschlands höchstgelegener Segelflugplatz.

Burg Wildenstein, weitgehend noch dem Bild des 16. Jahrhunderts entsprechend, wacht über dem Donautal, in dem das Kloster Beuron seine Pracht entfaltet.

südlich im Aachtopf wieder zutage. Weil die Aach in den Rhein fließt, gelangt also ein guter Teil der Donau nie ins Schwarze Meer, sondern wird in die Nordsee umgeleitet.

Besonders im Sommer und Winter hat man die Chance, Zeuge der Donauversickerung, korrekt „Donauversinkung", zu werden. Dann ist es leicht, das trockene Flussbett zu Fuß zu durchqueren und dem Glucksen und Gurgeln im Untergrund zu lauschen. Diese rund zwölf Kilometer lange Versickerungszone querte einst die Grenzen der autonomen Länder von Baden, Württemberg und Hohenzollern. 1927 stritten sich Württemberg und Hohenzollern mit dem Land Baden bis vors höchste Gericht um das Donauwasser, hatte dieses doch für Mühlen und Wasserkraftwerke erhebliche Bedeutung. Das Urteil, alles so zu lassen, wie die Natur es geschaffen hat, ging als „Donauversinkungsfall" in die Rechtsgeschichte ein, weil es Maßstäbe für die Anwendung des Völkerrechts setzte. Und heute? Bis zu 260 Tage im Jahr liegt die Donau trocken, Tendenz steigend. Nur zwei unterirdischen Stollen ist es zu verdanken, dass Schüler von morgen nicht umlernen müssen. Dank der Stollen fließt nicht alles Wasser den Rhein hinunter. Ohne sie wären der Möhringer Krähenbach und die Elta bei Tuttlingen die Quellflüsse der Donau.

Schwäbische Küche

MAULTASCHEN & CO.

Maultaschen, Laugenbrezeln und Spätzle bilden die Eckpfeiler der schwäbischen Küche. Die Maultaschen haben es sogar geschafft, als regionale Spezialität von der Europäischen Union geschützt zu werden.

Die Lammkrone vom Alblamm im Heubett begleitet hervorragend ein roter Dornfelder.

Von einem Siegeszug der Schwäbischen Maultasche war die Rede, als diese am 19. Februar 2009 von der Europäischen Union unter Schutz gestellt wurde: Was sich fortan „Schwäbische Maultasche" nennen will, muss im Ländle oder in Bayrisch-Schwaben hergestellt sein – ein Vorteil für die heimischen Großproduzenten dieser Teigwaren. Die „Standardmaultasche" darf 5,5 bis zehn Zentimeter lang und fünf bis neun Zentimeter breit sein, und auch ihre Zutaten liegen nun fest: Schweinefleisch, Rindfleisch, Spinat, Petersilie, Zwiebeln, Eier, Gewürze, Brot und Lauch. Soso, denkt sich die schwäbische Hausfrau, und greift ungerührt auf ihr altbewährtes Familienrezept zurück. Und das weicht unter Umständen beträchtlich vom EU-Diktat ab. Viele verzichten auf Spinat und Lauch und überschreiten die Gardemaße nach Herzenslust. Meist kommen die Maultaschen in der Brühe auf den Tisch oder geschmälzt, also mit gerösteten Zwiebeln, und zusammen mit Kartoffelsalat.

GOTT EIN SCHNIPPCHEN SCHLAGEN

Die Herstellung der Köstlichkeit ist ziemlich aufwendig und längst gilt es nicht mehr als entehrend, sich den hauchdünnen Maultaschenteig beim Bäcker zu besorgen. Einst war die Maultasche eine beliebte Fastenspeise: Fest vom Teig umhüllt, sollte das Fleisch vor den Augen des lieben Gottes verborgen bleiben. Das brachte der Spezialität den Namen „Herrgottsb'scheißerle" ein.

LEIBSPEISE DER SCHWABEN

Mehl, Eier, Wasser, Salz – mehr enthalten Spätzle, die wichtigste Beilage der schwäbischen Küche, nicht. Aber ihre Herstellung hat es in sich. Den Ritterschlag verdienen sich solche Köchinnen und Köche, die die Spätzle noch von Hand schaben. Wer es richtig machen will, braucht sehr viel Übung! Doch sowohl am heimischen

Maultaschen umhüllt ein dünn ausgerollter Nudelteig aus Eiern, Wasser, Essig, Salz und Mehl. Die Kanten werden mit einem Teigrädchen abgestochen. Das Endprodukt kommt bevorzugt klassisch in einer kräftigen Fleischbrühe oder geschmälzt mit goldbraun gerösteten Zwiebeln auf den Tisch.

»MAULTASCHE MUSS MAULTASCHE BLEIBEN UND DA GEHÖRT KEIN LACHS ODER SONSTIGER ZEITGEIST HINEIN.«

Vincent Klink, Spitzenkoch und Botschafter schwäbischer Hausmannskost

In Stuttgart und Umgebung gibt es leckere Brezeln. Zwiebelrostbraten mit Röstzwiebeln und Rotweinsauce ist eine der urschwäbischen Köstlichkeiten.

Herd als auch in den Restaurants gerät diese Kunst in Vergessenheit. Eine gängige Alternative bietet die „Spätzlepresse". Der Aufwand ist dennoch beträchtlich und der Griff zum Fertigprodukt liegt so verführerisch nahe.

Spätzle begleiten die elementarsten Leibspeisen der Schwaben – gekochte Linsen, Zwiebelrostbraten, Gaisburger Marsch –, sind aber auch solo als Käsespätzle von der Liste schwäbischer Gaumenfreuden nicht wegzudenken. Angeblich stammt das Wort Spätzle aus dem Mutterland aller Teigwaren, Italien, und soll sich von „spezzato" (in Stücke geschnitten) ableiten.

WER HAT DIE BESTEN BREZELN?

Der unangefochtene Klassiker unter den Backwaren Schwabens ist die Laugenbrezel. Was eine gute Brezel ist, darüber wird allerdings gestritten. Die einen mögen sie lieber dunkel, die anderen hell und weich, krosse stramme Ärmchen werden hier bevorzugt, die teigige Variante da. Allen Brezeln ist die Form mit den verschlungenen Ärmchen gemeinsam und die aufgestrichene Natronlauge, die sie dunkel färbt. Ein Schnitt am breiten Mittelteil lockt das Weiße hervor, den Ausbund, wie die Bäcker sagen. Eine Prise Salz rundet die Köstlichkeit ab.

Leider gibt es gute Brezeln gar zu selten. In Blogs und Rankings streitet sich Stuttgart lustvoll, wo denn die besten Brezeln zu haben seien. Ziemlich weit oben in der Liga spielen demnach die Produkte der Bäckereien Weible und Frank. Schmackhafte Brezeln werden auch in Reutlingen und Leinfelden-Echterdingen gebacken: bei Bäcker Berger und in der Eselsmühle. Merke: Für eine gute Brezel geht der Schwabe meilenweit.

Schwäbische Küche

Landgasthof „Hirsch" und Metzgerei, Parkstr. 2, 72813 St. Johann-Gächingen, S. 115,
für Stuttgart siehe „Unsere Favoriten", Seite 20/21

Brezeln:
Bäckerei Eselsmühle, Eselsmühle 1, 70771 Leinfelden-Echterdingen
Vollkornbäckerei Berger, Wilhelmstraße 127, 72764 Reutlingen
Bäckerei Frank, Wächterstraße 9, 70182 Stuttgart; Liststr. 41, 70180 Stuttgart
Bäckerei Weible, Heusteigstraße 51, 70180 Stuttgart

Starzach
Empfingen
Haigerloch
Hirrlingen
Bodelshausen
Rangendingen
Hechingen
Ofterdingen
Nehren
Mössingen
Sonnenbühl
Vöhringen
Grosselfingen
Bisingen
Rosenfeld
Geislingen
Balingen
Albstadt
Tailfingen
Onstmettingen
Burladingen
Jungingen
Trochtelfingen
Gammertingen
Dautmergen
Dormettingen
Schömberg
Dotternhausen
Ebingen
Meßstetten
Straßberg
Winterlingen
Veringenstadt
Wellendingen
Gosheim
Wehingen
Frittlingen
Denkingen
Nusplingen
Stetten am kalten Markt
Sigmaringen
Aldingen
Spaichingen
Böttingen
Königsheim
Schwenningen
Inzigkofen
Rietheim-Weilheim
Mühlheim an der Donau
Fridingen a. d. Donau
Beuron
Leibertingen
Buchheim
Seitingen-Oberflacht
Wurmlingen
Tuttlingen
Neuhausen ob Eck
Meßkirch
Immendingen
Emmingen-Liptingen
Sauldorf
Naturpark Obere Donau
Großer Heuberg
Hohenzollernstraße
Schwäbische Albstraße
Donau
1
2
3
4
5
Maßstab 1:215.0

10 TAUSENDER UND 1 CANYON

Im Westen schwingt sich die Schwäbische Alb mit zehn Gipfeln über 1000 Meter zu ihren höchsten Höhen auf. Hauptattraktion der Zollernalb ist die Burg Hohenzollern. Am Südwestrand formt die Donau ein felsengekröntes Durchbruchstal: Hier reizt der Naturpark Obere Donau zum Wandern, Radeln und Kanufahren.

❶ Hechingen

Immer schon prägten die Zollern die Geschicke von Hechingen (19 200 Einw.). Im 13. Jh. war die Stadt Verwaltungsmittelpunkt der Grafschaft Zollern, im 18. Jh. dann fürstliche Residenzstadt, heute sorgt ihre Burg für Besucher.

SEHENSWERT
Die Innenstadt gliedert sich in die Unterstadt und die Oberstadt mit der eigentlichen Altstadt. Die frühklassizistische **Stiftskirche St. Jakobus** (1780–1783) ist dank ihres markanten Westturms leicht zu erkennen und im Inneren durchaus schlicht ganz in Gold und Weiß gehalten. **St. Luzen,** die ursprünglich 1586–1589 erbaute Kirche des gleichnamigen Klosters, bezaubert durch einen farbprächtigen Mix aus Spätrenaissance und spätbarocken Elementen. Der klassizistische Bau des **Neuen Schlosses** (1816–1819) ist heute Sparkassendomizil, das schlichte sogenannte **Alte Schloss** aus dem 18. Jh. Museum.
Allein die Lage auf einem Bergkegel, deutlich abgesetzt vom Albtrauf, macht die **Burg Hohenzollern** TOPZIEL zu einer Augenweide. Der von Preußenkönig Friedrich Wilhelm IV. initiierte neugotische Bau, 1850–1867 nach den Plänen von Friedrich August Stüler auf den Ruinen zweier Vorgängerbauten realisiert, entspringt mehr romantischen Vorstellungen vom Mittelalter als der Realität. Bei den Zollern handelte es sich um eine 1061 erstmals erwähnte Grafenfamilie, die sich im 12. Jh. in eine schwäbische und eine fränkische Linie aufteilte. Aus der fränkischen gingen die preußischen Könige und ab 1871 die deutschen Kaiser hervor. Porzellan, Gewänder und Mobiliar, Schatzkammer und die unterirdischen Kasematten bieten Sehenswertes für einen ganzen Tag (Tel. 07471 24 28, www.burg-hohenzollern.com; Mitte März–Okt. tgl. 10.00–18.30, sonst tgl. 10.00–17.30 Uhr).

MUSEEN
Die hervorragende Sammlung des **Hohenzollerischen Landesmuseums** dokumentiert die Geschichte und Kunstgeschichte der ehemaligen Hohenzollerischen Lande (Altes Schloss, Schlossplatz 5, Tel. 07471 94 01 88, www.hzl-museum.de; Mi.–So. 14.00–17.00 Uhr). Auch den Römern gefiel es zu Füßen der Alb, wie eine Villa rustica (1.–3. Jh.) bezeugt; das **Römische Freilichtmuseum** in Hechingen-Stein zeigt, wie die Römer in der Fremde lebten und arbeiteten. Im Sept. 2021 wurde der rekonstruierte Tempelbezirk geöffnet (Tel. 07471 64 00, www.villa-rustica.de; Di.–So. 10.00 bis 17.00 Uhr).

RESTAURANT
Überregional bekannt und vor allem bei Schönwetter bestens besucht: Das **€ € Hofgut Domäne** lockt mit handfesten schwäbischen Spezialitäten, alternativ gibt es Lasagne und Barbecue Burger. Kinder haben Freude am Streichelzoo und dem Spielplatz (Brielhof 1, 72379 Hechingen, Tel. 07471 96 01 92 10, www.hofgut-domaene.de, Mo. Ruhetag).

INFORMATION
Bürger- und Tourismusbüro, Marktplatz 1, 72379 Hechingen, Tel. 07471 94 02 20, www.hechingen-tourismus.de

❷ Balingen

„Nicht übel", befand Goethe 1797 die heute Große Kreisstadt (34 500 Einw., Stadtrecht 1255), die bereits mehrfach zur einkaufsfreundlichsten Stadt Deutschlands gekürt wurde. Einst lebte sie von Gerberei und Textilherstellung, heute ist Feinmechanik bedeutend.

SEHENSWERT
Mitten durch die Fußgängerzone fließt die Eyach. Wo bis ins 18. Jh. Felle gegerbt wurden, stehen nun aparte Wohnhäuser. Als Wahrzeichen gilt **St. Nikolaus,** die 1443–1541 erbaute Stadtkirche mit achteckigem Turm. Die Sonnenuhr schuf 1760 der „Mechanikerpfarrer" Philipp Matthäus Hahn.

MUSEEN
Das 1939 wieder aufgebaute, malerische **Zollernschloss** (Urspr. 15. Jh.) im Südosten des Stadtkerns ist Sitz des **Museum für Waage und Gewicht** (www.waagenmuseum-balingen.de; Mi., Fr., So. und 1. Sa. im Monat 14.00 bis 17.00 Uhr). Bis 1848 lieferten die Bauern vor allem Getreide in der **Zehntscheuer** (17. Jh.) ab, heute **Städtisches Museum** (Neue Straße 59, Tel. 07433 1 68 10; Di. 14.00–17.00, Mi. 9.00–12.00, Do. 17.00–20.00, Fr.–So. 14.00 bis 17.00 Uhr), in dem auch die **Friedrich-Eckenfelder-Galerie** des impressionistischen

Barocke Pracht in Beurons Klosterkirche; Rekonstruktion im Freilichtmuseum von Stein

Heimatmalers (1861–1938) zu sehen ist. Für hochkarätige Ausstellungen und Konzerte ist die **Stadthalle** überregional bekannt (Hirschbergstraße 38, Ticket-Hotline 07433 9 00 84 20, https://stadthalle-balingen.de).

UMGEBUNG
Die Firma Holcim (Süddeutschland) in **Dotternhausen** (8 km südl.) zeigt im erstklassigen Fossilienmuseum auf dem Werksgelände die lokalen Schätze des Schwarzen Jura, darunter auch Fischsaurier (Di.–Do. 13.00–17.00, So. 11.00 bis 17.00 Uhr); auf dem Klopfplatz kann man selbst sein Sammlerglück versuchen (1. Di. im Monat 18.00 Uhr Führung und Fundberatung). Einen Abstecher wert ist das „Reich der Meerengel"

Freizeitparadies Obere Donau: per Kanu, mit dem Fahrrad (an der Donauversickerung) oder wandernd (am Lemberg)

bei **Nusplingen** (22 km südl). Südwestl. des Ortes liegt die Plattenkalk-Lagune auf dem Westerberg; in den dünn aufspaltbaren Platten finden sich Fossilienabdrücke, u. a. von rochenartigen Haifischen, deren Abdrücke an Engel erinnern. Ein 10 km langer Lehrpfad durch die Wacholderheiden bringen Geologie und Natur nahe (Startpunkt des Lehrpfades am Nusplinger Rathaus, Führungen Tel. 07429 9 31 09 20).

RESTAURANT

Urgemütlich eingerichtet und für gute Küche bekannt ist der **€ € Adler** im 15 km südl. gelegenen Oberen Schliechemtal (72365 Ratshausen, Hohner Straße 3, Tel. 07427 22 60, www.adler-ratshausen.de; Mo. und Di. Ruhetag).

INFORMATION

Touristinformation, Färberstraße 2, 72336 Balingen, Tel. 07433 17 01 19, www.balingen.de

3 Albstadt

Neun Stadtteile umfasst das Mittelzentrum (45 400 Einw.) seit 1975. Die frühere Textilhochburg bietet gute Gelegenheiten zum Fabrikeinkauf, und das in schönster Umgebung.

SEHENSWERT

Burgfeldens romanische **St.-Michaels-Kirche** besitzt Malereien aus der Zeit um 1070/1080. Die Aussicht vom westl. gelegenen Böllat (921 m) ist fantastisch. In Tailfingen stehen noch einige **Industriebauten** im Jugendstil.

MUSEEN

Alles rund um Feinripp, Rundstrickmaschinen und die Welt der Weber bietet das **Maschenmuseum** (Tailfingen, Wasenstraße 10; Mi., Sa., So. 14.00–17.00 Uhr). Zwei Museen befinden sich im schlichten Stauffenberg-Schloss (1846): eine Gedenkstätte für den **Widerstandskämpfer Claus Schenk Graf von Stauffenberg**, der im Lautlinger Anwesen seiner Familie oft zu Gast war, und die **Musikhistorische Sammlung Jehle** mit seltenen Instrumenten (Lautlingen, Tel. 07431 1 60 12 04; Mi., Sa., So. 14.00–17.00 Uhr). In der restaurierten Johanneskirche von Onstmettingen setzt die Gemeinde dem Mechanikerpfarrer und Gründer der Waagenindustrie **Philipp Matthäus Hahn** (1739 bis 1790), ein Denkmal (Albert-Sauter-Straße 15, Tel. 07432 232 80; Sa., So. 14.00 bis 17.00 Uhr). Allein 450 Werke von Otto Dix nennt die **Galerie Albstadt** in Ebingen ihr Eigen (Kirchengraben 11, Tel. 07431 1 60 14 91; Di.–Sa. 14.00–17.00, So. 11.00–17.00 Uhr).

EINKAUFEN

Vor Ort produziert **Mey Bodywear** hochwertige Damen- und Herrenwäsche (Lautlingen, Auf Steingen 6, Tel. 07431 70 60, www.mey.com; Mo.–Fr. 9.00–18.30, Sa. 9.00–14.00 Uhr). In Burladingen (17 km nördl.) sitzt **Trigema**, bekannt vor allem für seine T-Shirts (Josef-Mayer-Straße 31-35, Tel. 07475 8 81 89, www.trigema.de). Bei der 90-minütigen Gruppen-Betriebsbesichtigung, die eine 20-minütige Filmvorführung und einen einstündigen Rundgang beinhaltet, erfährt man, wie ein T-Shirt hergestellt wird. Einzelpersonen können sich einer gebuchten Besichtigung anschließen. Betriebsbesichtigungen finden nach Terminabsprachen (Mo.–Fr.) statt. Eine Übersicht über alle Outlets gibt es bei der Touristinformation Albstadt.

HOTELS UND RESTAURANTS

In Ebingen empfiehlt sich die sehr schöne **€ € € Linde** (Untere Vorstadt 1, 72458 Albstadt-Ebingen, Tel. 07431 13 41 40, www.gasthof-linde.com, Mo., Di. Ruhetag). Im Grünen und günstig: das **€ Wanderheim Nägelehaus** (Am Raichberg 1, 72461 Albstadt-Onstmettingen, Tel. 07432 2 17 15, www.naegelehaus.de, Mo., Di. Ruhetag).

UMGEBUNG

In **Meßstetten** (8 km südl.) wartet mit dem Museum für Volkskunst ein ungewöhnliches Heimatmuseum, das sich auf die Zeit zwischen 17. und 19. Jh. beschränkt (Hangergasse 16, Tel. 07431 96 11 41; Mi., So. 14.00–17.00 Uhr).

INFORMATION

Albstadt Tourismus, Marktstraße 35, 72458 Albstadt-Ebingen, Tel. 07431 1 60 12 04, www.albstadt-tourismus.de

4 Tuttlingen

Das „Weltzentrum der Medizintechnik" (36 500 Einw., 797 erstmals erwähnt) bietet einen guten Ausgangspunkt für Touren in den Naturpark Obere Donau zwischen Tuttlingen und Sigmaringen. Mehrfach reduzierten große Stadtbrände die Bausubstanz im Schatten der im 19. Jh. teilweise restaurierten Burg Honberg.

MUSEEN

Das **Museum Fruchtkasten** zeigt Stadt- und Industriegeschichte (Donaustraße 50, Tel. 07461 1 51 35; Sa., So. 14.00–17.00 Uhr). Wohnkultur präsentiert das **Tuttlinger Haus** von 1803 (Donaustraße 19, Tel. 07461 1 51 35; Ostern–Okt. Di., Do., Sa., So. 14.00–17.00 Uhr).

AKTIVITÄTEN

Radler finden im **Oberen Donautal** TOPZIEL ideale Bedingungen in grandioser Felsenkulisse. Der Donauradweg führt zwischen Mühlheim und Inzighofen durch den Canyon, den die Donau gegraben hat.
Das Obere Donautal ist ein Dorado für **Kletterer.** Höhepunkt ist der Schaufels, eines der größten Felsmassive Deutschlands außerhalb der Alpen. Eine Liste der zum Klettern freigegebenen Felsen gibt es unter www.naturpark-obere-donau.de.
In Beuron beginnt der **Donau-Zollernalb-Weg;** auf zehn Tagesetappen führt er rund um den Heuberg und die westliche Alb nach Gosheim. Vier Etappen umfasst der Donauberglandweg. Informationen und Exkursionen, auch zu den Gämsen, bietet das Naturschutzzentrum Obere Donau (Beuron, Wolterstraße 16, Tel. 07466 9 28 00, www.naz oberedonau.de; Mo.–Fr. 9.00–17.00, April–Okt. auch Sa., So. und Fei. 13.00–17.00 Uhr).

UMGEBUNG

Interessant ist die Donauversickerung südl. **Möhringen** (von der B 311 bei Möhringen Rtg. Hattingen abbiegen; Parkplatz an der Eisenbahnbrücke). Das dortige Bahnbetriebswerk ist heute ein **Dampflok- und Modelleisenbahnmuseum** (Beim Lokschuppen, Tel. 07461 9 11 68 27, www.bahnbetriebswerk-tuttlingen.de; Mai–Okt. So. 10.00–17.00 Uhr).
In der Benediktiner-Erzabtei St. Martin in **Beuron** (24 km östl., www.erzabtei-beuron.de) leben heute noch Mönche. Die prachtvolle Klosterkirche (1732–1738) kann besichtigt werden (tgl. 5.00–20.00 Uhr außerhalb von Gottesdiensten).
Das herausragende **Freilichtmuseum Neuhausen ob Eck** (10 km östl.) stellt die Wohn- und Arbeitskultur der Schwäbischen Alb und des Schwarzwaldes vor und bietet viele Mitmachangebote für alle (Tel. 07461 9 26 32 00, www.freilichtmuseum-neuhausen.de; April bis Okt. Di.–So. 9.00–18.00 Uhr).

Tipp

Abseits der Welt

Malerische Wiesen in einer offenen Landschaft mit einzeln stehenden Eichen und Moorbirken erwarten den Besucher des Irndorfer Hardt (zwischen Irndorf bei Beuron und Nusplingen). Das kleine Naturschutzgebiet ist am schönsten im Sommer, wenn die Mittagshitze über dem Land liegt und wilder Thymian duftet. Vom Irndorfer Hardt führt ein markierter Wanderweg zum Eichfelsen, dem berühmten Ausblick auf die Donau.

INFORMATION
Touristinformation, Rathausstraße 1, 78532 Tuttlingen, Tel. 07461 9 93 40, www.tuttlingen.de

5 Sigmaringen

Bildschön thront Schloss Sigmaringen über Donau und Ort (17 000 Einw.), 1623–1849 Residenz der Fürsten Hohenzollern-Sigmaringen.

SEHENSWERT
Hauptattraktion ist das **Schloss** mit seinen 15 Residenz- und Prunksälen, darunter Ahnensaal und die spektakuläre Waffenhalle mit 3000 Exponaten. Der Bergfried stammt aus dem 12. Jh., das Schloss (15./16. Jh.) wurde nach einem Brand 1895 bis 1899 wiederaufgebaut. Ein Renner sind die Kinderführungen (Tel. 07571 72 92 30, www.hohenzollern-schloss.de; März bis Juni, Okt.–Dez. tgl. 10.00–17.00, Juli–Sept. tgl. 10.00–18.00 Uhr).

AKTIVITÄTEN
Das Durchbruchstal der Donau erkundet man am besten von einem Kanu aus: **Bootsvermietung** und **Kanutouren** bei Kanuverleih Pfefferle (Bei der Brücke 1, 72488 Sigmaringen-Gutenstein, Tel. 0173 8 60 30 75, https://donautal-kanuverleih.de) und beim Erlebniscamp out & back (Georg-Zimmerer-Straße 6; Tel. 07571 504 11, www.outandback.de), das auch Klettertouren und einen Hochseilgarten anbietet. Der **Naturpark-Express** verbindet Sigmaringen und Blumberg-Zollhaus (Fahrplan unter www.naturpark-obere-donau.de).

INFORMATION
Touristinformation, Fürst-Wilhelm-Str. 15/ Rathausplatz, 72488 Sigmaringen, Tel. 07571 10 62 24, www.sigmaringen.de

AUF DEM PANORAMAWEG

Ein mächtiger Steilabfall, der sogenannte Albtrauf, bildet den nördlichen Rand der Schwäbischen Alb. Der „Panoramaweg" folgt diesem Trauf über weite Strecken. In 16 landschaftlich absolut begeisternden Etappen führt er von Donauwörth im Nordosten nach Tuttlingen im Südwesten, immer markiert mit einem roten Dreieck.

Nachdem der legendäre Nordrandweg der Alb ein wenig in die Jahre gekommen war, unterzog der Schwäbische Albverein seinen Nordrandweg einer Verjüngungskur, wies Teilabschnitte neu aus, optimierte die Beschilderung und schuf so die notwendigen Voraussetzungen, um das begehrte Prädikat „Qualitätswanderweg" des Deutschen Wanderverbandes zu erhalten.

Das Interessante an diesem Fernwanderweg ist nicht nur die immer wieder herrliche Aussicht, sondern die Vielfalt der Sehenswürdigkeiten, die quasi im Vorbeigehen besucht werden können, darunter das Randecker Maar (ein ehemaliger Vulkan), die Festung Hohenneuffen oder die Burg Lichtenstein. Mit der Nebelhöhle steht auch eine der großen Schauhöhlen der Alb auf

Den mittleren Neckarraum bestens im Blick haben Wanderer vom Wackerstein bei Pfullingen.

dem Programm. Auf der Mittleren Alb streift man den Bergrutsch bei Mössingen, im westlichen Abschnitt folgen der Dreifürstenstein und das Zeller Horn mit herrlicher Sicht auf die Burg Hohenzollern und schließlich mit dem Lemberg der höchste Alb-Gipfel, der an klaren Tagen den Aufstieg mit Alpensicht belohnt.

Der **Albsteig-Panoramaweg** führt von Donauwörth über Mönchsdeggingen, Bopfingen, Aalen, Unterkochen, Heubach, Gingen/Fils, Wiesensteig, Neidlingen, Owen, Bad Urach, Genkingen, Willmandingen, Jungingen, Burgfelden und Gosheim nach Tuttlingen. Rund 350 km beträgt die Länge, bei manchen Etappen sind Anstiege von 500 m zu bewältigen. Wandern ohne Gepäck ist möglich. Informationen: Schwäbische Alb Tourismusverband, Bismarckstr. 21, 72574 Bad Urach, Tel. 07125 93 93 00, www.schwaebischealb.de

Schwäbische Alb · Mitte

*

BERGE UND UNTERWELTEN

*

Längst sind die Vulkane der Alb erloschen und entfalten dennoch ihren Segen – Bad Urach verdankt seine Thermalquellen dem feurigen Erbe. Eine attraktive Einkaufsstadt und Kulturmetropole ist Reutlingen. Aus Marbachs Haupt- und Landgestüt stammen viele berühmte Hengste.

Die Nebelhöhle nahe Lichtenstein ist eine der eindrucksvollsten und auch größten Tropfsteinhöhlen der Schwäbischen Alb.

Die urtümlichen, störrischen Albbüffel passen gut in die karge, naturbelassene Landschaft.

Nicht verpassen: Spaziergang zur über 500 Jahre alten Salmendinger Kapelle auf dem Kornbühl mit Blick auf Sonnenbühler Wacholderheide und viel Himmel

Die Alb ist Schäferland: Hirte im Belsener Kirschfeld bei Mössingen.

Die Belsener Kapelle bei Mössingen zählt zu den romanischen Chorturmkirchen.

Wie aus einem Märchen: Schloss Lichtenstein gehört zu den Bilderbuchmotiven der Schwäbischen Alb.

DIE »REISE- UND WANDERLANDSCHAFT« SCHWÄBISCHE ALB »HAT, VIELLEICHT STÄRKER ALS ANDERE LANDSCHAFTEN, IHRE GEZEITEN.«

Schriftsteller Otto Heuschele (1900–1996)

Kein Baum hat ein innigeres Verhältnis zur Schwäbischen Alb als die Buche. Sie liebt den kalkhaltigen Boden, den das Juragestein ihr bietet, und nimmt es auch mit dem Steilanstieg locker auf. Entlang dem Trauf wie auch auf der Hochfläche recken sich die silbergrauen Stämme in den Himmel, im Herbst verwandeln die flammend rot verfärbten Blätter die Hänge in ein Farbenmeer.

Im Frühling legt sich die Alb allerdings eine weiße Schärpe an: Am Steilanstieg und in den Tälern blühen Birnen-, Kirsch- und Apfelbäume zu Tausenden und tauchen die gesamte Vorbergzone in zarten Blütenduft. Diese Streuobstwiesen bieten einen wertvollen Lebensraum für zahlreiche Tierarten und liefern den Grundstoff für Edelbrände, Saft und Most. Was die Hänge der Alb hergeben, zeigt ein Gang über den großen Bauernmarkt in Reutlingen, der jeden Samstag auf dem Marktplatz stattfindet.

EIN RAUES GESCHLECHT

Mit über 100 000 Einwohnern und 50 000 Arbeitsplätzen bildet Reutlingen weit mehr als das touristische „Tor zur Mittleren Alb“. Es ist das wichtigste Wirtschaftszentrum im südlichen Württemberg und besonders als Standort für Automobilelektronik bedeutend. „Der Geist sitzt in Tübingen, aber das Geld in Reutlingen.“ So hieß es früher. Heute gibt es allerdings die aktuelle Wirtschaftskrise, ein Novum, das erst einmal verkraftet werden will. Doch stehen die Chancen dafür nicht schlecht in einer Metropole, die auf eine 600 Jahre währende Sonderstellung als Freie Reichsstadt blicken kann. Auf deren Selbstbewusstsein verwies schon Ludwig Finckh, 1876 in Reutlingen geborener Arzt, Schriftsteller und Freund Hermann Hesses: „Die Reutlinger sind ein raues Geschlecht; dreimal ist ihre Stadt niedergebrannt, und sie haben sie wieder aufgebaut; auf dem gleichen Fleck; denn sie geben nicht nach. Es ist ihnen in die Seele gegraben: Wir müssen uns unser Brot verdienen.“

Wohin dieses Seelenmerkmal Reutlingen gebracht hat, zeigt auch ein Bummel durch die Innenstadt. Sie erhält ihren Charme durch die Mischung von schönen Fachwerkhäusern, markanten Stadttoren und verwinkelten Gässchen mit modernen Ladenzentren und Boutiquen. Straßencafés, Kneipen, eine kreative Kulturszene und die kurzen Wege hinauf auf die Alb machen Reutlingen zu einem der beliebtesten Ziele der Region.

Ein Gemeindeteil hat es jüngst sogar zwischen die Buchdeckel eines histo-

Die Schwäbische Alb ist auch architektonisch eine Region der Kontraste: Neben historischen Fachwerkbauten und Zeugen vergangener Zeiten wie dem Gartentor und dem Spitalhof in Reutlingen oder dem Gasthof Herrmann hinter dem Münsinger Brunnen steht Zeitgenössisches wie die Outlet City in Metzingen.

rischen Romans geschafft: Mit „Die Samenhändlerin“ setzte die Autorin Petra Durst-Benning Gönningen und seinen Samenhändlern ein Denkmal.

DIE SAMENHÄNDLER

Stolz blicken streng gescheitelte Frauen unbestimmten Alters von alten Fotografien, schwarz gekleidet, mit Perlenketten geschmückt, den Kopf erhoben, das Kinn nach vorne gereckt. Ein anderes Foto zeigt zwei junge Männer, eine russische Zigarette lässig im Mund. Wir befinden uns im Museum von Gönningen, und die Fotos zeigen Samenhändler aus der Zeit um 1880. Dem kleinen Ort am Fuße der Alb geht der Ruf voraus, über 300 Jahre lang Mut, Pioniergeist und Cleverness zu einem einträglichen Gewerbe verbunden zu haben. Wie überall auf der Alb war auch in Gönningen das Leben hart und ein Zubrot dringend erforderlich. Man handelte mit Birnen- und Apfelschnitzen, erzeugt auf den Streuobstwiesen. Später kamen dann Samen hinzu, bis man sich schließlich ganz auf dieses einträgliche Gewerbe konzentrierte. Die Samen von Radieschen, Rettich, Salat, Blumenkohl und Zierpflanzen ernährten um 1850 das halbe Dorf, ergänzt um die damalige Luxusware Tulpenzwiebeln. Samen und Zwiebeln wurden jedoch nicht selbst erzeugt, das gaben Boden und Klima der Alb nicht her, sondern in Thüringen, dem Magdeburger Land, Holland und sogar Amerika eingekauft. Die Kundenkontakte waren erblich und gingen auf die Nachkommen über, egal ob Sohn oder Tochter. Etwa ein Viertel der Samenhändler waren Frauen, die gleichermaßen monatelang in aller Welt unterwegs waren, bis nach Petersburg und Kalifornien gelangten. Viele blieben freiwillig in der Fremde, um vor Ort als Händler Fuß zu fassen. Andere unfreiwillig: Eine große Tafel in der Kirche gedenkt den 244 Gönningern, die auf ihren Reisen verschollen blieben.

Nach dem Zweiten Weltkrieg wendete sich das Blatt. Das nahe Reutlingen

Hervorragend präpariert: Ichthyosaurier-Fossil im Urweltmuseum Hauff in Holzmaden

Auf dem Holzweg und dennoch richtig: Radler im Hochmoor Schopfloch

So kann ein Schlafzimmer aussehen: Goldener Saal im Residenzschloss von Bad Urach.

Im Uracher Wasserfall stürzt der Brühlbach 37 Meter in die Tiefe.

Literatur

Special

Der schwäbische Steinzeitheld

Kein Roman berichtet packender über die Vorgeschichte der Schwäbischen Alb wie der „Rulaman“ von David Friedrich Weinland (1829 bis 1915).

1878 erschienen, wurde die Geschichte über den Steinzeit-Jäger Rulaman in kürzester Zeit zum Bestseller, der sich bis heute verkauft. Weinland, als Grabenstettener mitten auf der Alb geboren, erzählte die Geschichte zunächst seinen Söhnen. Das Schöne daran, alle Schauplätze, von denen sich der Autor inspirieren ließ, können besichtigt werden: Der Hohenneuffen wurde im Roman zum „Nufa-Berg“, der Blautopf zum Walba-See, mit der Tulka-Höhle setzte Weinland dem Schillingsloch ein Denkmal – der Bad Uracher Rulamanweg führt zu diesem Teil der Unterwelt. In ihr siedelte Weinland seine „Aimats“ an und ließ sie ihren Kampf ums Dasein mit „Burrias“ und Höhlenbären bestehen, gegen Eiseskälte im Winter und den Hunger als ständigen Begleiter. Weinland – Theologe, Zoologe und bis Haiti gereister Direktor des Frankfurter Zoos – ließ alle Erkenntnisse seiner Zeit über prähistorische Lebenswelten einfließen. Das verleiht dem Werk besondere Authentizität. Manches wurde von heutigen Forschungen überholt, anderes nahm er vorweg: Eine steinzeitliche Flöte, wie sie im Roman von den „Aimats“ gespielt wird, wurde erst im Jahr 1990 entdeckt.

Heute verschlossen: das Schillingsloch

lockte mit guten Verdienstmöglichkeiten, etwa „beim Bosch“. Und auch der Samenhandel der alten Art begann im Zeitalter von Baumärkten und Gartenzentren überflüssig zu werden. Immerhin noch 15 Samenhändler gibt es in Gönningen, das sich jüngst wieder einer alten Tradition besann: die außergewöhnlichsten Tulpen auf die Gräber zu pflanzen.

AUF DEM ROSSBERG

Vom Gönninger Friedhof aus führt ein winziges, steiles Sträßchen auf ein Hochplateau, das „Rossfeld“. Wenige Mehlbeer-Sträucher, einzeln stehende Kiefern und Wacholderbäume unterbrechen die baumlose Weite. Zwischen den Gräsern blühen seltene Blumen: im zeitigen Frühjahr Küchenschellen, im Juni Knabenkräuter in Rosé und Violett und die Hummelragwurz mit ihren samtigen Lippen. Das Rossfeld wird vom Rossberg überragt – der Blick geht über die Albhochfläche mit dem markanten Dreifürstenstein, dem Farrenberg, in der Ferne verschwindet der Stuttgarter Fernsehturm im Blau.

Auf dem Gipfel hat man Friedrich August Quenstedt (1809–1889) ein Denkmal gesetzt. Der Tübinger Professor für Naturgeschichte teilte das Juragestein in die Abschnitte Schwarz, Braun und Weiß

Für Theodor Heuss war die Klosterkirche von Zwiefalten „ein Konzert von Stoffen, Formen, Farben, ein Überschwang, aber beherrscht."

Konkurrenz für die Champagne?
Jörg Geiger mit einem Schaumwein der Champagner-Bratbirne

Da drehen sich auch die Kleinen:
Trachtenfest im Freilichtmuseum Beuren.

ein und jede Gruppe in je sechs Unterabschnitte. Von seinem Denkmal aus hat man alle drei Schichten im Blick: Weißer Jura bildet den steilen Albtrauf und die Hochfläche, der Streuobstwiesengürtel am Hangfuß wächst auf Braunem Jura, vom Tal bis weit in die Ebene ausstreichend steht der Schwarze Jura an.

EXOTEN AUF DER ALB

„Von d'r Alb ra'" zu sein, war früher nicht gerade ein Prädikatsmerkmal. Dem Älbler wurde unterstellt, rückständig, störrisch, verschlossen, ungehobelt zu sein. Wer heute auf der Alb lebt, braucht seine Herkunft nicht mehr zu verstecken. Mit ihrer Fähigkeit zur Eigeninitiative und zum Querdenken sind die „Älbler", egal, ob dort geboren oder „reig'schmeckt", weithin anerkannt. Streitbare Geister wie Jörg Geiger aus Schlat, der sich mit seinem Schaumwein aus der alten württembergischen Sorte „Champagner Bratbirne" sogar mit den französischen Champagnerherstellern anlegte, festigten diesen Ruf und erhöhten die mediale Aufmerksamkeit für die Region. Wenn heute wieder die zart schmeckenden „Alb-Leisa" (Linsen) angebaut werden oder unter dem Markenzeichen „Albschneck" das Züchten von Weinbergschnecken wieder auflebt, beweisen die „Älbler" Weitblick. Schließlich werden regionale Produkte immer stärker nachgefragt und auch die Besucher der Alb nehmen gerne ein Päckchen „Leisa" oder eine Flasche Birnenschaumwein mit nach Hause.

DER SCHWÄBISCHE VULKAN

Verkehrte Welt: Die Achalm, der Reutlinger Hausberg, sieht wie ein Vulkan aus, ist aber ein Weißjura-Zeugenberg. Der unscheinbare Georgenberg gleich nebenan ist dagegen vulkanischen Ursprungs und ein ehemaliger Vulkanschlot. 356 vulkanische Durchschlagsröhren sind auf der Mittleren Alb nachgewiesen. Größter Schlot ist der Jusi bei Metzingen, einer der schönsten Aussichtspunkte der Mittleren Alb. Bad

Geschafft! Zufriedene Kletterer auf dem Lautertaler Spitzen Stein bei Gundelfingen

Das Lautertal lässt sich auch wunderbar auf dem Wasserweg erkunden.

Hier mäandert ein Fluss noch naturbelassen: Blick von der Ruine Hohengundelfingen ins Lautertal.

Urach profitiert bis heute von der feurigen Vergangenheit und zapft Thermalquellen aus dem Untergrund. Als vor 18 Millionen Jahren das Urach-Kirchheimer-Vulkanfeld, der „Schwäbische Vulkan", aktiv war, hatte sich das Jurameer bereits zurückgezogen und dem Reich der Flugechsen und meterhohen Saurier Platz gemacht. Mehrere Jahrmillionen schlug glühendes Magma durch die Gesteinsdecke ihrer Welt.

Es mag grotesk klingen, aber dem vulkanischen Feuer hatten die Bewohner des wasserärmsten Gebiets Deutschlands lange ihr Trinkwasser zu verdanken. Denn auf den eingeebneten Basalttrichtern versickerte das Regenwasser nicht gleich im Karst, sondern staute sich. Grabenstetten, Donnstetten, Wittlingen, Laichingen und viele andere Orte der mittleren Alb wurden deshalb auf alten Schloten gegründet. Hygienisch gesehen, war dieses Wasser zwar bedenklich, doch alternativ blieb nur Regenwasser: „Wehe dem Fremden, den in einem der primitiven Albdörfer, wo ... man rein auf Regenwasser angewiesen ist, ein Bedürfnis anwandelt nach einem Glase Wasser", klagte der Naturforscher Oskar Fraas im Jahr 1873. „Strohgelb bis Kaffeebraun hat sich das Wasser gefärbt, das von den Strohdächern niederrinnt, nur wer von Jugend an auf den Anblick dieses Wassers sich gewöhnt hat, vermag

Zwei Veranstaltungen ziehen Publikum in großer Zahl an: der Uracher Schäferlauf mit seinem bunten Trachtenprogramm und die zum Teil spektakulären Darbietungen bei der Hengstparade im Landesgestüt Marbach.

ohne Abscheu ein Glas an die Lippen setzen." Das änderte sich erst, als im letzten Viertel des 19. Jahrhunderts große Pumpwerke die tiefen Karstquellen für die Trinkwasserversorgung der Albdörfer erschlossen. Schlagartig gingen Typhus und Rindertuberkulose zurück. Das größte Albproblem gehörte der Vergangenheit an.

ARABER AUF DEM STERNBERG

Als Königin Elisabeth von England 1965 Deutschland besuchte, stand auch ein Besuch des Schillermuseums in Marbach am Neckar auf dem Programm. „Where are the horses?", „Wo sind die Pferde?", soll die Queen einer oft zitierten Legende zufolge gefragt haben, im Glauben, sie bekäme das berühmte Gestüt in Marbach auf der Alb zu sehen. Das wäre eines königlichen Ausflugs sicherlich würdig gewesen. Alljährlich strömen Tausende Pferdeliebhaber auf die Schwäbische Alb, um bei der Fohlenschau und der Hengstparade dabeizusein.

Großes Publikum und Shows hatte Graf Eberhard im Bart allerdings nicht im Sinn, als er das Gestüt 1491 gründete. Die beschafften Rösser aus Arabien, Holstein und der Türkei sollten den Nachschub an Reitpferden sicherstellen. 150 Jahre später, nach dem Dreißigjährigen Krieg, waren hingegen kräftige Arbeitstiere gefragt, und so züchteten die Marbacher das „Württemberger Warmblut".

Einige besonders hell strahlende Sterne der Geschichte des Haupt- und Landgestüts stammen aus der Wüste: 1816 traf Murana ein, Stammmutter der Silbernen Herde der Marbacher Araber. Stammvater wurde ein Jahr später das Leibreitpferd König Wilhelms I. von Württemberg, ein Schimmel namens Bairactar. Von Hadban Enzahi, legendärer Erbgutträger bis 1975, wird die Geschichte erzählt, er habe, frisch aus Ägypten eingetroffen, völlig ratlos auf dem Gras der Albweiden gestanden. Dass dieses zum Fressen geeignet ist, musste sich der Wüstensohn erst bei den anderen Pferden abschauen.

Wandern und Radeln mit Aussicht

ALLES IM BLICK

„Blaue Mauer“ wird der Nordrand der Schwäbischen Alb gerne genannt. Von der Mauerkante, dem Albtrauf aus, haben Wanderer und Radler einen weiten Blick übers Land. Auch Stuttgart bietet viele Aussichtspunkte rund um den Kesselrand. Mittlerweile haben auch weniger sportliche Naturen in diesem ganzen Auf und Ab eine Chance auf gemütliche Touren, den Pedelecs sei Dank.

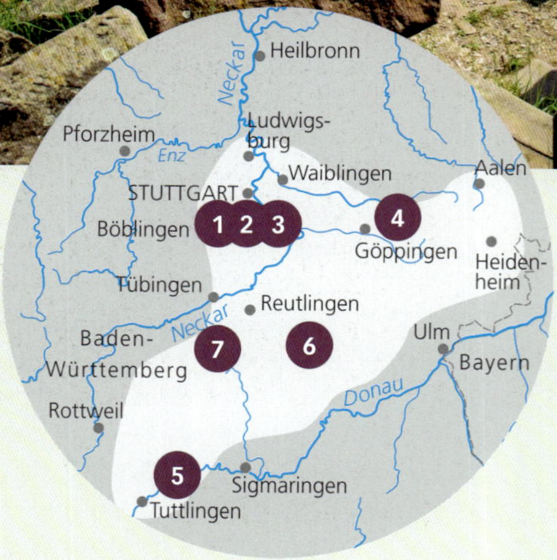

1 Die Wandelwege

Mit viel Enthusiasmus hat man am Wangener Berg alte Weinbergtreppen und -mauern aus dem 12. Jh. freigelegt. Nun führen die von seltenen Pflanzen gesäumten „Wandelwege“ durch die ehemaligen Weinberge und Steillagen und bieten herrliche Aussichten aufs beschauliche Dürrbach- bzw. industriegeprägte Neckartal. Dschungelcharakter haben Teilstücke wie der „Holzweg“, auf uraltem Pflaster wandelt man in der „Faultannenfurche“. Für Abenteuerlustige wie Schrebergartenliebhaber wahrlich ein Genuss.

Start: Michaelskirche, Haltestelle Wangen Marktplatz (U4, U9); Länge: unterschiedlich, je nach gewählter Route; Einkehr: Friedrichsruh (www.wirtshaus-friedrichsruh.de); Download Flyer mit Routen unter www.stuttgart.de/medien/ibs/Wandel_Wege_Folder_Juni-2013.pdf

2 Birkenkopf

Mahnend dräut der „Monte Scherbelino“ (511 m) über der Stadt: 15 Millionen Kubikmeter Schutt – Ergebnis von 53 Luftangriffen im Zweiten Weltkrieg – ließen den Birkenkopf um 40 m anwachsen. Heute gewährt der zwischen dem Stuttgarter Westen und Schloss Solitude gelegene Hügel eine Spitzenaussicht über die Innenstadt und umliegenden Höhenzüge. Viele Trümmersteine ragen noch aus dem Boden, Bruchstücke von Ornamenten und Figuren geben Stoff zum Nachdenken.

Start: Haltestelle Tennisplatz (Bus 92 ab Stadtmitte); Einkehren: ca. 15 Min. Fußweg bis Weitmanns Waldhaus (Rotenwaldstr. 373, www.weitmanns.de, Mo., Di. Ruhetag)

3 Über Stäffele zur Uhlandshöhe

Ein kleiner Stadtspaziergang führt vom Herzen Stuttgarts auf die Uhlandshöhe: Zwischen Staatsgalerie und Haus der Geschichte bringen mehrere der für Stuttgart so typischen Treppen, „Stäffele“ genannt, den Flaneur zum Eugensplatz. Am markanten Brunnen versüßt dort das Eis einer nahen Eisdiele den Aufenthalt, ein Schmunzeln entlockt der Mops auf der Loriot-Säule. Weiter geht es nordwärts via Haußmannstraße (mit Aussicht auf die Großbaustelle Hauptbahnhof und die städtischen Weinberge) bis zur Schwäbischen Sternwarte. Von der umliegenden Grünanlage aus erspäht man die östlichen und zentralen Stadtteile. Die Uhlandshöhe ist auch als „Anthroposophen-Hügel“ bekannt: Hier steht unter anderem die erste Waldorfschule, die Rudolf Steiner gegründet hat.

Start: Haus der Geschichte; Fußweg: Eugenstraße, Eugensplatz, Haußmannstraße, Zur Uhlandshöhe, Alfred-Lörcher-Weg, Wagenburgstraße, Eugensplatz (Haltestelle der Linie U15)

4 Drei Kaiser an einem Tag

Diese sportlich sehr anspruchsvolle Tagestour führt Radfahrer an den Zeugenbergen Hohenstaufen (684 m), Rechberg (708 m) und Stuifen (757 m) vorbei. Herrliche Aussichten weit übers Land öffnen sich vor allem vom Hohenstaufen, dem Stammsitz der Staufer. Ein Kleinod ist auch die Strecke über die Wacholderheiden auf dem „Kalten Feld". Auch E-Biker schätzen diese Tour, die dank Elektromotor weit weniger schweißtreibend ausfällt.

Start: Marktplatz Göppingen; 51 km, 669 Höhenmeter, Karte unter www.tourismus-bw.de, Stichwort 3-Kaiserbergroute; Einkehren: Berggaststätte Himmel & Erde auf dem Hohenstaufen (Mo.–Do. Ruhetag, www.berg-hohenstaufen.de)

5 Über der Donau

Von Beuron aus erschließt der Premiumwanderweg „Eichfelsen-Panorama" die besten Aussichtspunkte auf die blaue Wasserschleife der jungen, von weißen Felsen flankierten Donau. Vom Kloster geht es zunächst recht happig aufwärts zur Albhochfläche. Dort spaziert man dann gemütlich über sonnige Wiesen und durch schattige Wälder und späht von Spaltfels, Eichfels und Rauer Stein in die Tiefe. Und im Irndorfer Felsengarten beim Eichfels zeigt sich der ganze Blütenreichtum der Magerwiesen. Der Rückweg entlang des Flusses passiert zwei Höhlen, dann ist Beuron wieder erreicht.

Start: Kloster Beuron; Länge: ca. 12,5 km, Karte unter www.donaubergland.de/erlebnis/donauwelle-eichfelsen-panorama. Keine Einkehrmöglichkeit.

6 Die weißen Felsen

Das E-Mobilitätszentrum am Münsinger Bahnhof verleiht Pedelecs, mit denen ausgewiesene Touren abgeradelt werden können. Eine davon führt von Münsingen über Rietheim, den Gestütshof St. Johann und Gächingen wieder zurück zum Start. Highlight in jeder Hinsicht sind die Rutschenfelsen: typische Weißjuraköpfe, die am Albtrauf immer wieder den dichten Buchenwald durchstoßen und beste Aussichten bescheren. Auch für Kletterer sind sie ein wahres Dorado.

Start/Ziel: Mobilitätszentrum Münsingen Bahnhof, Länge: ca. 45 km, 633 Höhenmeter Wegmarkierung: E-Bike Tour 1. Keine Einkehrmöglichkeit, Grillplatz am Gestüt St. Johann

7 Bergrutsch und Burgblick

Auf dem Premiumwanderweg „Dreifürstensteig" lässt es sich in einer der schönsten Kulturlandschaften Schwabens schwelgen: den Streuobstwiesen, die sich vielerorts noch an den unteren Braunjurahängen der Schwäbischen Alb entlangziehen. Rund um Mössingen stehen noch viele Tausend Obstbäume, vor allem zur Kirschenblüte ist diese Wanderung zauberhaft. Außerdem tangiert die Route auch den Albtrauf und dort den spektakulären Bergrutsch, der 1983 am Hirschkopf niederging.

Zackig bergauf geht es vom Rutsch zum Dreifürstenstein (853 m) mit grandiosem Blick direkt auf die Burg Hohenzollern. Die Rückkehr zur Olgahöhe verläuft über teils recht steile, schmale Wege (Vorsicht bei Nässe!) durch schattige Wälder.

Start: Mössingen, Wanderparkplatz Olgahöhe; Länge: 13,3 km, Markierung: Roter Apfel; Karte unter www.moessingen.de/dreifuerstensteig; unterwegs mehrere Grillplätze

Maßstab 1:215.000
FILDERSTD.
KIRCHHEIM unter Teck
WALDENBUCH
AICHTAL
Dettenhausen
Walddorfhäslach
Weil im Schönbuch
NÜRTINGEN
Oberboihingen
Dettingen unter Teck
WEILHEIM an der Teck
Bissingen an der Teck
Neckartailfingen
Neckartenzlingen
Bempflingen
Großbettlingen
Frickenhausen
OWEN
Naturpark Schönbuch
Pliezhausen
Riederich
METZINGEN
Grafenberg
Kohlberg
Beuren
Neuffen
Lenningen
TÜBINGEN
Kirchentellinsfurt
Kusterdingen
Wannweil
REUTLINGEN
Dettingen an der Erms
Hülben
BAD URACH
Grabenstetten
Römerstein
Eningen unter Achalm
PFULLINGEN
Sankt Johann
Biosphären-gebiet
Schwäbische Alb
Dußlingen
Gomaringen
Nehren
Lichtenstein
MÜNSINGEN
MÖSSINGEN
Sonnenbühl
Engstingen
Gomadingen
Mehrstetten
Hohenstein
TROCHTELFINGEN
BURLADINGEN
HAYINGEN
Pfronstetten
GAMMERTINGEN
HETTINGEN
Zwiefalten
Rechtenstein
Obermarchtal
VERINGENSTADT
Winterlingen
Straßberg
Langenenslingen
RIEDLINGEN
Unlingen
Uttenweiler
Deutsche Alleenstr.
Schwäbische Albstraße
Hohenzollernstraße
Deutsche Fachwerkstraße
Oberschwäbische Barockstraße
1
2
3
4
5

NATUR UND SHOPPINGFREUDEN

Zwei Seiten der Schwäbischen Alb kommen in ihrer Mitte gut zur Geltung: Kulturstätten und Einkaufsmöglichkeiten machen Ausflüge nach Reutlingen, Metzingen und Kirchheim interessant. Nur wenige Kilometer entfernt warten Jurafelsen, Höhlen, Burgen und Naturschönheiten.

1 Reutlingen

Das „Tor zur Schwäbischen Alb" zeigt in der Altstadt viel herausgeputztes Fachwerk, kombiniert mit attraktiven Geschäften. Urspr. eine Burgsiedlung (11. Jh.), wurde die heutige Kreisstadt (116 000 Einw.) im 13. Jh. Freie Reichsstadt.

SEHENSWERT

Hauptachse ist die Wilhelmstraße, eine Fußgängerzone, an deren Nordende der **Gerber- und Färberbrunnen** (1921) an einst wichtige Gewerbe erinnert. An ihr erhebt sich die eindrucksvoll hochgotische **Marienkirche** (12. Jh. und 1247–1343; Wandmalereien 14. Jh.). Zu den Resten der mittelalterlichen **Stadtbefestigung** gehören Tübinger Tor (1235), Gartentor (1392) und die Zwingermauer mit Eisturm (1874).

Tipp

Ausflug nach Tübingen

Von Reutlingen fährt die Bahn in zehn Minuten nach Tübingen. Ein Besuch in der berühmten Universitätsstadt lohnt immer: Es warten Fachwerkaltstadt, malerische Neckarfront mit Blick auf den Hölderlinturm, Stocherkahnfahrten auf dem Neckar, Museen, nette Kneipen und Cafés, aber auch hinreißende Feste wie die Sommerinsel (Aug.), der Umbrisch-provencalische Markt (Sept.). und der Weihnachtsmarkt (Dez.).

www.tuebingen-info.de

MUSEEN

Südl. des Marktplatzes zeigt in einer Seitengasse das **Heimatmuseum,** urspr. ein Klosterhof (13.–18. Jh.), die Schätze der ehem. Freien Reichsstadt (Oberamteistraße 22, Tel. 07121 3 03 20 50; Di.–Sa. 11.00–17.00, Do. bis 19.00, So. bis 18.00 Uhr). Das **Naturkundemuseum** ist in einem Fachwerkbau von 1728 untergebracht (Am Weibermarkt 4, Tel. 07121 03 20 22; Di.–Sa. 11.00–17.00, Do. 11.00–18.30, So. 11.00 bis 18.30 Uhr). Eine hochkarätige Sammlung von Holzschnitten des 20. und 21. Jhs., besonders Werke von HAP Grieshaber, zeigt das **Städtische Kunstmuseum Spendhaus** (Spendhausstraße 4, Tel. 07121 3 03 23 22, www.kunstmuseum-reutlingen.de; Di.–Sa. 11.00–17.00, Do. 11.00–19.00, So. 11.00–18.00 Uhr).

AKTIVITÄTEN

Geführte **Wanderungen** auf der Mittleren Schwäbischen Alb bieten die Guides des Naturschutzbundes NABU an. Das Programm umfasst Wander- und Radtouren und Busausflüge (Informationen unter www.alb-guide.de).
Nicht verpassen sollte man den Gang auf den **Jusi** (673 m) bei Metzingen. Unterhalb von Kohlberg (nordöstl.) führt von einem Parkplatz aus ein steiler Weg hinauf auf den ehemaligen Vulkan und weiter zum **Hörnle** (707 m).

UMGEBUNG

In der Outletcity von **Metzingen** laden über 70 Firmen, darunter etliche Luxus-Designermarken, zur Schnäppchenjagd ein (www.outletcity.com, Mo.–Fr. 10.00–20.00, Do. bis 21.00, Sa. ab 9.00 Uhr; von verschiedenen Hotels in Stuttgart besteht ein Shuttle-Service). Sieben mächtige Kelterbauten erinnern in der Ortsmitte an die Vergangenheit Metzingens als Weinbaugemeinde; ein Weinbaumuseum beherbergt die 1281 erbaute Herrschaftskelter (www.weinbaumuseum-metzingen.de; Sa. 11.00–14.00, So. 14.00–17.00 Uhr).
Ritterrüstungen, Zugbrücke, romantische Lage auf einem Felssporn – zum Bau von **Schloss Lichtenstein** (15 km südl.) ließ sich Wilhelm Graf von Württemberg durch den gleichnamigen Roman von Wilhelm Hauff inspirieren; die Anlage entstand bis 1842 (Tel. 07129 41 02, www.schloss-lichtenstein.de; April–Okt. tgl. 9.00–17.30, Nov., Dez. und März tgl. 10.00 bis 16.00 Uhr, Jan., Feb. geschl.). In **Gönningen** (südl.) zeigt das Samenhandelsmuseum Schätze aus der Blütezeit dieses Gewerbes (Rathaus, Stöfflerplatz 2, Tel. 07072 70 26; Mo., Di., Mi., Fr. 8.00–11.30, Do. 14.00–18.00 Uhr).

Das Rathaus am Marktplatz von Bad Urach

HOTEL UND RESTAURANT

Auf Reutlingens Hausberg wohnt man ruhig und speist gut im **€ € € Achalm Hotel** (Achalm, Gewand, 72766 Reutlingen, Tel. 07121 48 20, www.achalm.com; Mo., Di. Ruhetag).

INFORMATION

Tourist-Information, Marktplatz 2,
72764 Reutlingen, Tel. 07121 93 93 53 53,
https://tourismus-reutlingen.de

2 Bad Urach

Mit einem Ursprung als Burgsiedlung (11. Jh.) und als zeitweilige Residenz der südlichen Grafschaft Württemberg-Urach ist der Kurort (12 400 Einw.) für sein mittelalterlich wirkendes Zentrum und seine Mineralquellen bekannt.

SEHENSWERT

Von den Residenzzeiten 1442–1482 zeugt mit prächtigen Renaissanceräumen das kleine **Fachwerkschloss** von 1443, heute Zweigstelle des Landesmuseums (Bismarckstr. 18, Tel. 07125 15 84 90, www.schloss-urach.de; Nov.–März Mi., Fr. 13.00–16.00, Di., Do. 10.00 bis 16.00, Sa., So. 12.00–17.00, Ende Mai–Okt.

Di.–So. 10.00–17.00 Uhr). Am **Marktplatz** steht das **Fachwerkrathaus** aus dem 15. Jh.

AKTIVITÄTEN
Erholung garantieren die **AlbThermen** (Immanuel-Kant-Str. 29, www.albthermen.com; tgl. Thermalbad 9.00–21.00, Saunalandschaft 10.00 bis 21.00 Uhr). Lohnend ist zu jeder Jahreszeit ein Besuch des **Uracher Wasserfalls** südwestl. der Stadt (ca. 20 Min. Gehzeit vom Wasserfallparkplatz aus). 2016 wurde der 10 km lange „Uracher Wasserfallsteig" zum schönsten Wanderweg Deutschlands gekürt.
Vom Wanderparkplatz „Hochholz/Astropfad", ca. 8 km nördlich von Bad Urach, ist es nicht weit zum 6 km langen **Kelten-Erlebnis-Pfad**, wo man dank einer multimedialen App und vorbei an neun Informations- und Mitmachstationen spätkeltische Geschichte entdecken kann (https://kelten-erlebnis-pfad.de).

VERANSTALTUNG
Schäferlauf mit Preishüten und Festspiel (So. um den 25. Juli in ungeraden Jahren).

INFORMATION
Kurverwaltung, Bei den Thermen 4, 72574 Bad Urach, Tel. 07125 9 43 20, www.badurach-tourismus.de

3 Kirchheim unter Teck

Die Große Kreisstadt (40 000 Einw.) ist vor über 1000 Jahren gegründet worden und heute ein Industriestandort mit fotogener Altstadt.

SEHENSWERT
Zur schönen Altstadt gehören das **Fachwerk-Rathaus** (1724), die **Martinskirche** (urspr. 7. Jh., 14./15. Jh.) und das **Renaissance-schloss** aus dem 16. Jh.; (Schlossplatz 8, Tel. 07071 60 28 02, www.schloss-kirchheim.de; Führungen Mitte Juni–Okt. Mi. und Sa. 14.00 bis 17.00, So. 13.30–17.30 Uhr).

MUSEUM
Zu den vielen Fachwerkbauten der Altstadt gehört das **Kornhaus** (um 1550), heute Domizil des **Städtischen Museums** und der **Galerie im Kornhaus** (Max-Eyth-Straße 19; wegen Umbaumaßnahmen ist das Kornhaus bis auf Weiteres geschlossenr).

VERANSTALTUNG
In ungeraden Jahren geht es Mitte Sept. auf der Hahnweide südwestl. der Stadt beim Internationalen **Oldtimer-Fliegertreffen** hoch her.

UMGEBUNG
Östl. liegt **Holzmaden,** weltbekannt durch erstklassig erhaltene Flug- und Fischsaurier im **Urwelt-Museum Hauff** TOPZIEL (Aichelberger Straße 90, Tel. 07023 28 73, www.urweltmuseum.de; Di.–So. 9.00–17.00 Uhr). Beste Aussicht bietet die **Burg Teck** bei Owen (6 km südl.) mit Wanderheim (Teckstraße 100, 73277 Owen, Tel. 07021 5 52 08, www.burg-teck-alb.de; Mo. und Di. Ruhetag). Unweit des **Randecker Maars** erläutert das Naturschutzzentrum Schopflocher Alb das nahe Torfmoor und die Rolle des Maars für den Vogelzug (Lenningen-Schopfloch, Vogelloch 1, Tel. 07026 95 01 20, www.naturschutzzentrum-schopfloch.de; Di. bis Sa. 10.00–17.00, So. 11.00–17.00 Uhr).
Beuren (12 km südl.) prunkt mit einem Freilichtmuseum, zu dem derzeit rund 25 Gebäude des mittleren Neckarraums und der Schwäbischen Alb gehören; Schauvorführungen veranschaulichen früheres Landleben (In den Herbstwiesen, Tel. 07025 91 19 00, www.freilichtmuseum-beuren.de; Ende Mai–Anf. Nov. Di.–So. 11.00–18.00 Uhr). Entspannung mit Aussicht bietet die Panorama Therme Beuren (Am Thermalbad 5, Tel. 07025 91 05 00, www.panorama-therme.de; Therme/Grotte tgl. 9.00–22.00, Sauna 11.00–22.00 Uhr). Die trutzige **Burgruine Hohenneuffen** (Urspr. um 1100; 17 km südl.), einst stärkste Festung Württembergs, wurde 1802 geschleift (Tel. 07025 22 06, www.hohenneuffen.de; Burg Mo., Di. 9.00–17.00, Mi., Do., So. 9.00–19.00 Uhr, Sa., Fr. 9.00–Sonnenuntergangr, Ritterstüble April–Okt. Mi.–So. geöffnet).

INFORMATION
Kirchheim-Info, Max-Eyth-Straße 15, 73230 Kirchheim unter Teck, Tel. 07021 50 25 55, www.kirchheim-teck.de

Aussichtsturm im Biosphärenreservat und Ruine Hohengundelfingen

4 Münsingen

Einst Militärstandort, ist Münsingen (14 400 Einw.) heute Zentrum des UNESCO-Biosphärenreservats (s. Tipp), des UNESCO-Geoparks Schwäbische Alb und Tor zum Großen Lautertal.

UMGEBUNG
Heimstatt edler Rösser ist seit 1514 das **Haupt- und Landgestüt Marbach** TOPZIEL (8 km südw.) mit Hengstparaden und Fohlenschauen (Tel. 07385 9 69 50, www.gestuet-marbach.de; tgl. 8.00–17.00 Uhr). Informationen liefert das Gestütsmuseum in Offenhausen, wo auch die Lauter entspringt (westl. Gomadingen, Tel. 07385 8 84; Mai–Okt. Di.–Fr. 14.00–17.C0, Sa. 13.00–17.00, So. 11.00–17.00 Uhr).
Ein kleines Abenteuer ist eine Bootsfahrt in die **Wimsener Höhle,** eine Wasserhöhle nahe Hayingen (20 km südl.; Tel. 07373 91 52 60; Führungen April–Okt. tgl. 10.00–18.00 Uhr).
Besuchermagnet in **Zwiefalten** (28 km südl.) ist das barocke Münster „Unserer lieben Frau" (1739–1765) des 1089 gegründeten Klosters (Kirche Sommer tgl. 9.30–18.00, Winter Mo. bis Sa. 10.00–16.00, So. 9.30–16.00 Uhr). Das Zwiefalter Münster ist einer der größten Kirchenräume Deutschlands. Im akustisch erstklassigen Innenraum des Münsters finden alljährlich Konzerte mit geistlicher Musik statt (Tel. 07373 22 52).

Tipp

Blumen statt Panzer

Seit 2009 ist die Schwäbische Alb UNESCO-Biosphärenreservat. Zu den ungewöhnlichsten Ecken der 853 km² großen Fläche gehört der ehemalige Truppenübungsplatz Münsingen. Seit 1895 Sperrgebiet, bot das Areal Flora und Fauna genug Raum, sich frei von menschlichen Eingriffen zu entwickeln. Nachdem 2006 Panzer und Soldaten abgezogen waren, nahm sich der Naturschutz des Gebiets an. Autos dürfen nicht verkehren, Besucher nur auf ausgewiesenen Wegen (Kampfmittelreste im Gelände!). Am besten schließt man sich einer geführten Wanderung an.

www.biosphaerengebiet-alb.de

»ES WAR EINE ZEIT ..., DA WAR EIN MEER, WO HEUTE DIE SCHWÄBISCHE ALB SICH ERHEBT.«

David Friedrich Weinland in Rulaman (Kapitel 2)

JA NATÜR LICH

HOTEL
Das **€ € Biohotel Rose** bietet Feng-Shui-Zimmer sowie Produkte vom eigenen Demeter-Hof (Aichelauer Straße 6, 72534 Hayingen-Ehestetten, Tel. 07383 9 49 80, www.tress-gastronomie.de).

INFORMATION
Touristik Information, Hauptstraße 13, 72525 Münsingen, Tel. 07381 18 21 45, www.muensingen.com

5 Trochtelfingen

Gebettet in die sanften Hügel der Kuppenalb, liegt der 800-jährige heutige Erholungsort (6400 Einw.) mit hübschem Ortskern.

SEHENSWERT
Die touristische Hauptattraktion liegt außerhalb der fachwerkreichen **Altstadt:** Beim Nudelhersteller **Alb-Gold** kann man zuschauen, wie Spätzle industriell gefertigt werden (Klaus-Freidler-Str. 1, Tel. 07124 9 29 11 55, www.alb-gold.de; Betriebsführungen Mo.–Fr. 11.30, Landmarkt Mo.–Sa. 9.00–20.00 und So. 11.00 bis 18.00 Uhr).

HOTEL UND RESTAURANT
Garant für höchste Qualität: Sternekoch Gerd Windhösel vom **€ € € Hotel Restaurant Hirsch;** außerdem sehr schöne Hotelzimmer (Im Dorf 12, 72820 Sonnenbühl-Erpfingen, Tel. 07128 9 29 10, www.restaurant-hotel-hirsch.de; Mo., Di., Mi. Ruhetag).

VERANSTALTUNGEN
Hochangesehen ist das **Theater Lindenhof,** das kritisches Volkstheater inszeniert (Burladingen-Melchingen, Unter den Linden 18, Tel. 07126 92 93 94, www.theater-lindenhof.de).

UMGEBUNG
Sonnenbühl (12 km nördl.) bietet die Erpfinger Sommerbobbahn (Tel. 07128 20 56, www.sommerbob.de; März–Mitte Nov. tgl. 10.00 bis 19.00 Uhr).
Zwei große Schauhöhlen führen ins Reich der Tropfsteine: die **Bärenhöhle** TOPZIEL (nordöstl. Erpfingen, Tel. 07128 6 35) und die **Nebelhöhle** TOPZIEL (östl. Genkingen, Tel. 07128 6 05; beide Höhlen Mitte März–Anf. Nov. tgl. 9.00 bis 17.30, Nov., Anf. März Sa., So. 9.00–17.00 Uhr; https://hoehlen.sonnenbuehl.de).
Der **Hirschkopf** bei Mössingen (22 km nordw.) war 1983 Schauplatz eines gewaltigen Bergsturzes; südl. des Farrenbergs rutschte eine Wand des Weißen Jura zu Tal – Ausdruck der fortdauernden Erosion des Albabbruchs (öffentliche Führungen ohne Voranmeldung einmal pro Monat Mai–Okt.: Termine auf der Seite „Aktuelle Veranstaltungen“, Treffpunkt am Parkplatz am Bergrutsch; www.a berlebnis.de).

INFORMATION
Touristeninformation, Rathausplatz 9, 72818 Trochtelfingen, Tel. 07124 4 80, www.trochtelfingen.de

BURGENTOUR IM LAUTERTAL

Rund 280 Burgen gab es einst auf der Alb. Sie signalisierten herrschaftliche Macht und sorgten für Schutz in kriegerischen Zeiten. Noch etwa 90 sind im Gelände auszumachen, meist als mehr oder weniger eindrucksvolle Ruinen.

Den perfekten Überblick gibt eine Radtour durchs liebliche Tal der Großen Lauter. Südlich von Münsingen säumen Wacholderheiden und malerische Dörfchen, aber eben auch 14 Ruinen den kleinen Nebenfluss der Donau. Im Schnitt streift der Lautertalradweg, der in Offenhausen beginnt, alle 1,4 Kilometer eine Burg. Auch in Münsingen ist ein Einstieg möglich, wo man dem markierten Radweg nach Marbach folgt, um auf den Lautertalradweg zu treffen.

Drei Kilometer südlich von Marbach steht die erste Burg: Blankenstein. Jedes Dörfchen, das man nun durchradelt, hat seine Burg: Buttenhausen, Hundersingen, Bichishausen. Gundelfingen besitzt sogar zwei: Hohengundelfingen, schönste Burg des ganzen Tales, liegt oben am Talrand, Niedergundelfingen auf dem Umlaufberg. Abstecher auf die Burgen werden mit eindrucksvoller Aussicht belohnt. Auch landschaftliche Höhepunkte erwarten den Radler: Drei Kilometer hinter Indelhausen schäumt der flache Wasserfall Hoher Gießel. Bei Anhausen schwenkt die Straße ab, Radler haben das Tal im Schatten weißer Jurafelsen fast für sich allein. Leicht bergab fliegt man nun fast der Donau und dem Ziel der Tour entgegen: Obermarchtal oder Zwiefalten.

Auf asphaltierten und befestigten Wegen geht es meist abseits der Straßen durch das vielleicht schönste Tal der Schwäbischen Alb.

Die **Streckenlänge** beträgt 50 bis 60 km und es sind etwa 175 Höhenmeter zu überwinden; unterwegs warten zahlreiche Grillstellen und Einkehrmöglichkeiten. **Markierung** mit Lautertalradweg. **Start** in Münsingen oder Gomadingen-Offenhausen, **Ziel** in Zwiefalten bzw. Obermarchtal. Mai–Okt. fährt an Sonn- und Feiertagen gegen 17.00 Uhr ein Radwanderbus ab Zwiefalten oder Obermarchtal nach Münsingen; Leihstelle für E-Bikes (Pedelecs) im E-Mobilitätszentrum am Münsinger Bahnhof; Reservierungen und Routen unter www.muensingen.com

Schwäbische Alb · Osten

*

SCHÄTZE UNTER DEN HEIDEN

*

Zu Ehren dreier Kaiser erheben sich vor Schwäbisch Gmünd die „Dreikaiserberge“. Einen von ihnen krönte die Stammburg der Hohenstaufen. Das „Stauferland“ reizt mit einer Mischung aus Städtischem und höhlenreicher Natur. Auch durchzieht der römische Limes, ein UNESCO-Weltkulturerbe, die Region.

Weit hinab geht es im Aalener Besucherbergwerk Tiefer Stollen, in dem über drei Jahrhunderte lang Eisenerz abgebaut wurde.

Der Stadtgarten von Schwäbisch Gmünd war ein wesentlicher Bestandteil der Landesgartenschau im Jahr 2014.

Der Löwenbrunnen am Heilig-Kreuz-Münster stammt aus dem 16. Jahrhundert.

Hier hat sich die Baumeisterfamilie Parler verwirklicht:
Heilig-Kreuz-Münster in Schwäbisch Gmünd.

Der von barocken Bürgerhäusern gesäumte Marktplatz wird beim Stadtfest zur guten Stube Schwäbisch Gmünds.

DER NAME SCHWÄBISCH GMÜNDS LEITET SICH VON DER MÜNDUNG DES JOSEFSBACHS IN DIE REMS HER.

Steter Tropfen höhlt den Stein – beim Karst, einem Kalkstein, geht das deutlich schneller als bei anderen Gesteinen. Die Schwäbische Alb als größtes Karstgebiet Deutschlands bietet dafür jede Menge Anschauungsmaterial: Gänge, Klüfte, Spalten, bröckelnde Felswände, die sich zu gewaltigen Bergstürzen auswachsen wie in Mössingen, und natürlich immer wieder Höhlen. Eine der berühmtesten hat bislang nur eine Handvoll Verwegener zu Gesicht gekommen: die Blautopf-Höhle, Einstieg ins größte Höhlensystem der Alb, von dem kein Mensch weiß, wo es endet. Lediglich 6,5 Kilometer sind erforscht, denn vom Quelltopf der Blau aus geht es in eine nasse Tiefe. Und die ist nur mit Tauchausrüstung zu erforschen, eng, gefährlich, schlecht beleumundet – eine Art Eiger-Nordwand der schwäbischen Höhlenforscher.

WIEGE DER STAUFER

Der Vater legte sich mit dem Papst an, der Sohn nahm Richard Löwenherz gefangen, der Enkel ging als einer der bedeutendsten Gestalten des Mittelalters in die Geschichte ein, und alle waren sie Kaiser aus dem Hause der Staufer: Friedrich I. Barbarossa, geboren 1122, legte den Grundstein für ein Großreich, bevor er 1190 auf dem dritten Kreuzzug in einem kleinen Fluss in der Türkei ertrank. Sein Sohn Heinrich VI. dehnte das staufische Imperium bis nach Sizilien aus. Barbarossas Enkel, Friedrich II., ist als Verfasser des Falkenbuchs bekannt, sprach sieben Sprachen und wuchs in Palermo auf. Doch die Wiege der Staufer steht weit entfernt vom Land, wo die Zitronen blühen, auf der rauen Schwäbischen Alb.

Auf dem Hohenstaufen, einem Zeugenberg zwischen Schwäbisch Gmünd und Göppingen, erhob sich die erste Burg der schwäbischen Herrscherfamilie, erbaut ums Jahr 1070. Im Dreißigjährigen Krieg niedergebrannt, diente sie als willkommene Ressource, das Göppinger Stadtschloss zu bauen. Ein Haufen Steine ist alles, was sichtbar blieb. Umso größer der Mythos, der sich um die Staufer rankt. Zum Schwelgen lohnt sich der Gang auf den Hohenstaufen allemal. Zwar war Friedrich II. nie auf der Alb, wo er an den hiesigen Wanderfalken seine Freude gehabt hätte. Doch Barbarossas Besuch scheint gesichert. Wie zu Zeiten des rotbärtigen Kaisers genießt man heute vom Bergesgipfel aus einen bombastischen Blick.

DER RICHTIGE BISS

Was wäre die Schwäbische Alb ohne ihre Wacholderheiden! Im Herbst leuch-

Von Giengen an der Brenz traten die bekannten Stofftiere ihren Siegeszug um die Welt an, den die museale „Welt von Steiff" nachzeichnet. Kloster Neresheim verdankt seine Kirche dem barocken Baumeister Balthasar Neumann. Das Besucherbergwerk Tiefer Stollen erinnert in Aalen an Bergbauzeiten. Seit 1980 Thermalquellen erbohrt wurden, gibt es die Limesthermen in Aalen.

ten Vogelbeeren aus den Hecken, und Silberdisteln, Symbolpflanzen der Alb, sprenkeln wie struppig-bleiche Sonnen den dürren Heiderasen. In den warmen Monaten ziehen wollige Herden darüber. Das ist gut so, denn erst die Schafhaltung hat diese romantische Landschaft entstehen lassen: Das Schaf beißt auf ideale Weise zu, indem es aufkeimende Bäume und Sträucher frühzeitig abfrisst, gleichzeitig aber – weil zu bitter oder zu kratzig – eine ganze Reihe von Arten verschmäht: den Wacholder und den Dornigen Hauhechel, Frühlingsenzian, Küchenschelle und viele andere. Diese spezielle Flora bietet einer ebenso speziellen Tierwelt Lebensraum, Schwalbenschwanz, Heidelerche und Steinschmätzer.

Nur regelmäßige Beweidung schützt die Heiden vor dem Verbuschen. Zuschüsse für die „vierbeinigen Rasenmäher" sichern einen Teil des Einkommens. Einen weiteren erwirtschaften die Schäfer durch den Verkauf des Fleisches. Zahlreiche Metzger und Gaststätten auf der Alb werben mit Lammfleisch aus der Region. Den richtigen Naturschutzbiss zu haben, gilt also auch für die Käufer.

REICHTUM AUS DEM UNTERGRUND

Die Ostalb ist überall – auch auf dem Stuttgarter Schlossplatz: Die beiden Brunnen und der schnörkelige Musikpavillon, der sich so prächtig für Hochzeitsfotos eignet, stammen aus den Gießereien der Württembergischen Hüttenwerke. Deren Geschichte reicht bis ins Jahr 1365 zurück. Wenn man es genau nimmt, noch viel weiter, denn schon die Kelten verhütteten das Bohnerz des Braunen Jura.

Im 19. Jahrhundert stieg das Königliche Hüttenwerk Wasseralfingen zur Keimzelle der Industrialisierung Württembergs auf. Deshalb verdankt der Aalener Raum dem Eisen seinen Wohlstand – aber auch sein Gesicht. Aalen sei ein hässliches Kind in einer schönen Wiege, schmähte man bereits im 18. Jahrhundert mit Blick auf die Industriestadt inmitten

Die Freizeitmöglichkeiten der Ostalb reichen vom Bikerpark am Hochberg in Heidenheim, über den Erlebnisspielplatz HöhlenHaus in Hürben und Felsklettern im Eselsburger Tal bis zur Museumsbahn in Neresheim.

Schädel eines Gabelhirsches im Meteorkratermuseum bei Steinheim

Hilfestellung an der Vogelherdhöhle im Lonetal südwestlich von Herbrechtingen

Steinerne Jungfrauen im Eselsburger Tal bei Herbrechtingen

einer Bilderbuchlandschaft. Das hässliche Kind hat sich aber prächtig entwickelt. Das stellt man bei einer Inspektion der Innenstadt fest. Ein Ort zum Bleiben – das fanden schon die Römer.

AN ROMS AUSSENKANTE

Ganz Gallien ist von Rom besetzt. Und ganz Germanien? Nur einen Bruchteil im Süden konnten die Imperatoren erobern. Sie setzten dann aber gewaltige Kräfte frei, um ein gigantisches Bollwerk gegen die Barbaren aufzuwerfen: den Limes, auch hier nun seit 2021 UNESCO-Weltkulturerbe. Dieser verläuft auf 550 Kilometern quer durch Deutschland und trennte das freie Germanien von der – zivilisierten – römischen Welt. Auf die Ostalb entsandte Rom zur Sicherung ein starkes Truppenkontingent und errichtete in Aalen das größte Reiterkastell nördlich der Alpen.

Was sie im Lauf der rund hundertjährigen Besatzung hinterließen, gibt Einblick in ein von Alltäglichkeiten bestimmtes Leben. Kampf mit bärtigen, fellbehängten Germanen stand jedenfalls nicht im Mittelpunkt an der Außenkante des Römischen Reiches. Eine Zeitreise zu den Römern ermöglicht das Limesmuseum Aalen, das sich bei den Mauern des ehemaligen Kastells erhebt und Geschichten über den römischen Alltag zu erzählen weiß.

Steinzeitkunst

DIE VENUS VON DER ALB

Als schön gilt sie den meisten nicht, aber als Sensation: Die 2008 in einer Höhle bei Schelklingen gefundene Frauenfigur ist die älteste bekannte Menschendarstellung der Welt.

Die Höhlen der Schwäbischen Alb haben weit mehr zu bieten als „nur" Tropfsteine. Seit Jahrtausenden ruhen in ihrem Dunkel die ältesten Kunstwerke der Welt. In der letzten Eiszeit, als die Alb eine unwirtliche, baumlose Tundra war, suchten die jungsteinzeitlichen Menschen in den Höhlen gelegentlichen Unterschlupf. Und sie haben Werke zurückgelassen, die heute für Schlagzeilen sorgen.

Den jüngsten Knüller lieferte der Hohle Fels, eine Höhle bei Schelklingen nahe Blaubeuren. 2008 entdeckte das Team um den Tübinger Professor für Urgeschichte, Nicholas Conard, eine eindrucksvolle Frauenskulptur. Gerade mal 6 cm ist die „Venus vom Hohlen Fels" hoch, wiegt nur 33 g, hat ausladende Hüften, Stummelbeinchen, extrem betonte Geschlechtsmerkmale. Ihr Leib trägt zahlreiche Ritzlinien und Kerben und dort, wo der Kopf sein sollte, sitzt eine Öse.

Jungsteinzeitliche Frauenfiguren mit ähnlich üppigen Körperformen sind aus mehreren anderen Fundstellen in Europa bekannt. Doch die Äblerin ist mehrere Tausend Jahre älter als diese. Wie die Radiokarbondatierung ergab, sind es 35 000 bis 40 000 Jahre her, dass ein Steinzeitmensch die kleine Venus aus dem Stoßzahn eines Mammuts geschnitzt hat. Doch wozu? Darüber können die Archäologen nur spekulieren: Muttergottheit, Talisman für glückliche Geburten, Teil schamanischer Riten, Fruchtbarkeitssymbol?

KÜNSTLER UND MUSIKER

Die Alb rückte schon 1931 als archäologische Fundgrube ins Rampenlicht. Damals fand der Tübinger Archäologe Gustav Riek in der Vogelherdhöhle im Lonetal die ältesten Tierfiguren der Welt, darunter

das weltberühmte Höhlenpferdchen. Rieks Team ging noch relativ grob zu Werke. Was sie eimerweise aus der Höhle schippten, unterzogen Archäologen 2007 einer genaueren, modernen Methoden entsprechenden Inspektion. Und es kam noch ein Mammutfigürchen zum Vorschein. Nun hat sich die Zahl der Eiszeit-Kunstwerke auf 50 erhöht. Fast alles sind Schnitzereien aus Mammutelfenbein. Bemerkenswert ist, dass nicht nur die Jagdtiere verewigt wurden, denen die Eiszeitjäger nachstellten. Die Künstler ließen sich vielmehr von Tieren mit eindrucksvollen Fähigkeiten inspirieren, die also besonders schnell, stark oder gefährlich waren: Pferd, Bär, Mammut, Löwe. Wie die Venus besitzen viele eine Öse, wurden also als Anhänger getragen.

Das dürfte bei der 31,1 Zentimeter messenden Figur nicht der Fall gewesen sein, dem spektakulären „Löwenmenschen". Bereits 1939 hatten Archäologen Elfenbeinbruchstücke im Hohlestein-Stadel im Lonetal geborgen, doch ihre Bedeutung nicht erkannt. Erst der meisterhaften Leistung der Restauratoren ist es zu verdanken, dass aus 300 Teilen der Löwenmensch wieder zusammengesetzt und 2013 präsentiert werden konnte. Dieser Mensch mit Löwenkopf ist bislang die älteste Tier-Mensch-Figur der Welt. Zeigt sie ein Fabelwesen? Oder einen Schamanen,

Steinzeit-Kleidung und die Venus vom Hohlen Felsen sind im Urgeschichtlichen Museum von Blaubeuren zu bewundern.

der ein Löwenfell als Verkleidung übergezogen hat?

Es ist davon auszugehen, dass die Eiszeitjäger der Alb ihre Höhlen auch bemalt haben. Das legen zumindest Farbreste aus dem Hohlen Fels nahe. Doch die Erhaltungsbedingungen sind in den Albhöhlen ungünstig – auf ein zweites Lascaux darf man hier nicht hoffen. Wie aus dem Nichts trat dieses umfassende künstlerische Schaffen hervor, dem auch die ältesten Musikinstrumente der Welt entstammen: eine Flöte aus Schwanenknochen aus dem Geißenklösterle bei Blaubeuren sowie eine aus Gänsegeierknochen im Hohlen Fels, beides zierlich feine Instrumente. Seit 2017 zählen Höhlen und Eiszeitkunst der Schwäbischen Alb zum UNESCO-Weltkulturerbe.

VERSTREUT IN ALLE WINDE

Das gibt auch dem Tourismus Auftrieb. An den Fundstätten informieren kleine Ausstellungen (Lindenau) bzw. stimmen auf das Leben der Mammutjäger mit vielen Mitmachstationen im Archäopark (Lonetal) ein. Die Kunstwerke selbst sind über mehrere Museen verstreut, die diese Schätze gelungen würdigen. Die Venus und die Flöten befinden sich im Urgeschichtlichen Museum Blaubeuren, den Löwenmensch zeigt das Museum Ulm. Die Vogelherdfiguren, die als erste die Alb zum Brennpunkt der Eiszeitkunst beförderten, haben ihre Heimat im Museum der Uni Tübingen. In Stuttgart verblieben zwei der Figuren: Mammut und den sogenannten „Adorant", eine menschliche Relieffigur, stellt das Landesmuseum Württemberg (S. 40) aus.

Informationen

Museum Schloss Hohentübingen, Tübingen, Burgsteige 11, Tel. 07071 29 77 384, www.unimuseum.uni-tuebingen.de, Mi.–So. 10.00–17.00 Uhr, Do. bis 19.00 Uhr

Urgeschichtliches Museum Blaubeuren, Blaubeuren, Kirchplatz 10, Tel. 07344 96 69 90, www.urmu.de; April–Okt. Di.–So. 10.00–17.00, sonst Di. bis Sa. 14.00–17.00, So. 10.00–17.00 Uhr

Museum Ulm, Marktplatz 9, 89073 Ulm, Tel. 0731 161 43-30, www.museumulm.de, Di.–Fr. 11.00–17.00, Sa., So. bis 18.00 Uhr

Museum „Die Höhle des Löwenmenschen", OT Lindenau, 89192 Rammingen (hinter Ausflugsgaststätte Zum Schlössle), www.lonetal.net, Di.–So. 10.00–18.00 Uhr

Archäopark Vogelherd, Am Vogelherd 1, 89168 Niederstotzingen-Stetten, Tel. 07325 9 52 80 00, www.archaeopark-vogelherd.de, April–Okt. tgl. außer Mo. 10.00–18.00 Uhr

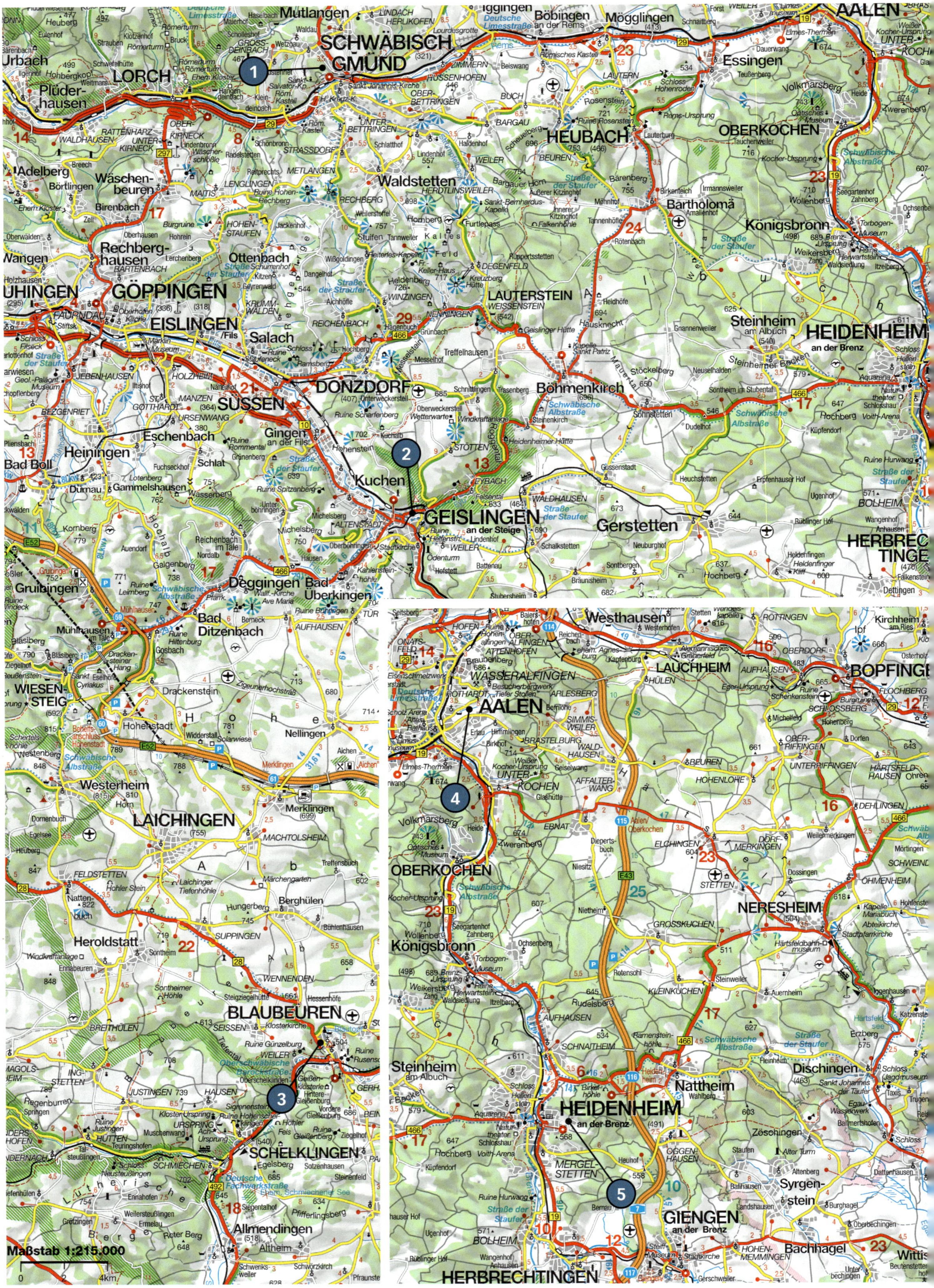

Mutlangen
SCHWÄBISCH GMÜND
Böbingen
Mögglingen
AALEN
LORCH
Essingen
Pluderhausen
HEUBACH
OBERKOCHEN
Adelberg
Wäschenbeuren
Waldstetten
Bartholomä
Königsbronn
Rechberghausen
GÖPPINGEN
Ottenbach
LAUTERSTEIN
UHINGEN
EISLINGEN
Salach
Steinheim am Albuch
HEIDENHEIM an der Brenz
DONZDORF
Böhmenkirch
SÜSSEN
Eschenbach
Gingen an der Fils
Heiningen
Bad Boll
Kuchen
GEISLINGEN an der Steige
Gerstetten
HERBRECHTINGEN
Deggingen
Bad Überkingen
Bad Ditzenbach
Gruibingen
Mühlhausen
WIESENSTEIG
Drackenstein
Hohenstadt
Nellingen
Westerheim
LAICHINGEN
Merklingen
Berghülen
Heroldstatt
BLAUBEUREN
SCHELKLINGEN
Allmendingen
Westhausen
LAUCHHEIM
BOPFINGEN
WASSERALFINGEN
Unterkochen
NERESHEIM
Nattheim
Dischingen
GIENGEN an der Brenz
Syrgenstein
Bachhagel
1
2
3
4
5
Maßstab 1:215.000
0
4km

IM LAND DER STAUFER

Höhlen, Quelltöpfe von Kocher, Brenz, Blau und Ach, Wacholderheiden und eine dünn besiedelte Hochfläche prägen den östlichen Teil der Alb. Zum Bummeln und für Museumsbesuche eignen sich Abstecher nach Schwäbisch Gmünd, Aalen, Göppingen und Heidenheim.

1 Schwäbisch Gmünd

Der riesige Marktplatz verleiht Schwäbisch Gmünd (61 200 Einw.), der ältesten aller Stauferstädte (Stadtrecht um 1140), sein charakteristisches Stadtbild. Die „Gold- und Silberstadt" ist seit Jahrhunderten für Edelmetallverarbeitung bekannt. Aus Gmünd stammte der gotische Baumeister Peter Parler (1330–1399), bekannt durch Werke in Prag und Böhmen.

SEHENSWERT
Der **Marktplatz** gehört zu den schönsten Deutschlands. Den Süden schließt das 1783 erbaute barocke **Rathaus** ab. Im Norden wird der Marktplatz vom **Spital zum Heiligen Geist** (15./16. Jh.) begrenzt. Das **Heilig-Kreuz-Münster,** 1310 von der Baumeisterfamilie Parler begonnen und 1521 fertiggestellt, gilt als Meisterwerk deutscher Gotik. In die Romanik entführt die **Johanniskirche** (1220–1250); Westfassade und Turm zeigen einen romanischen Figurenschatz. Vom Turm überblickt man herrlich Stadt und Dreikaiserberge (Mai bis Okt. Di.–Fr. 13.30–16.30, Sa., So. 11.00–17.00 Uhr). 23 Türme verstärkten den mittelalterlichen **Stadtmauerring;** es blieben u. a. **Fünfknopfturm** (12./13. Jh.) im Westen, **Wasserturm** (1400), **Schmiedturm** (15. Jh.) im Osten.

MUSEEN
An „goldene" Zeiten erinnert das **Silberwarenmuseum** in der 1845 errichteten Ott-Pauserschen Fabrik (Milchgässle 10, Tel. 07171 3 89 10; Mitte April–Mitte Okt. Di.–Fr. 14.00–17.00, Do. bis 19.00, Sa., So. 11.00–17.00 Uhr). Im ehem., 1294 gegründeten Dominikanerkloster „Prediger" (18. Jh. umgestaltet) haben das **Museum für Stadtkultur,** u.a. mit dem Kirchenschatz des Münsters, und die **Galerie im Prediger** ihren Sitz (Johannisplatz 3; Di.–Fr. 14.00–17.00, Do. bis 19.00, Sa., So. 11.00–17.00 Uhr).

HOTEL UND RESTAURANT
Hier stimmt alles: Küche und hervorragende Weinkarte, Luxushotel, Terrasse – und dazu bietet das **€ € € Staufeneck** einen herrlichen Blick (73084 Salach, östl. von Göppingen, Tel. 07162 93 34 40, www.burg-staufeneck.de).

VERANSTALTUNG
Ein Höhepunkt ist das **Festival der Europäischen Kirchenmusik** im Sommer (www.kirchenmusik-festival.de).

UMGEBUNG
Das Wander-Dorado von Schwäbisch Gmünd liegt 12 km südl. auf dem höchsten Punkt der Ostalb, dem **Kalten Feld** (781 m): Wacholderheiden wie aus dem Bilderbuch, herrlicher Blick auf die Dreikaiserberge, Einkehren im Franz-Keller-Haus des Schwäbischen Albvereins (Sa., So.; 2 km zu Fuß vom Hornberg). Ebenfalls eine Wanderung wert ist der **Rosenstein** (735 m) bei Heubach mit seinen offenen Höhlenhallen.

Tipp

Besuch bei Weleda

Im Gmünder Stadtteil Wetzgau baut die anthroposophische Firma Weleda auf 23 ha Heilpflanzen an. Der Garten ist nur mit Führung zu besichtigen und es lohnt sich, (frühzeitig) zu reservieren. Rund 260 Kräuterarten werden hier gezogen. Man erfährt viel über ihre Wirkungsweise, den biologisch-dynamischen Anbau und kann im Erlebniszentrum die Weleda-Produkte günstig einkaufen. Mehrmals im Jahr Sonderführungen zu speziellen Themen.

Auskunft und Anmeldung:
Tel. 07171 9 19 80 11
Am Pflanzengarten 1, Kolomannstr.,
73527 Schwäbisch Gmünd
www.weleda.de/weleda/erlebniszentrum

Berge mit Geschichte: der Hohenstaufen (oben) und der Hohenrechberg (unten)

In **Göppingen** (22 km südw.) lässt die neue Märklin-Erlebniswelt „märklineum" die Herzen der Modelleisenbahn-Freunde schneller schlagen. Hier kann man 160 Jahre Firmengeschichte live erleben (Reuschstr. 6, www.maerklineum.de; Di.–So. 10.00–18.00 Uhr). In **Hohenstaufen** (15 km südw.) präsentiert das Dokumentationszentrum für staufische Geschichte alles zur Kaiserfamilie des Hochmittelalters (Kaiserbergsteige 22, Mitte März–Mitte Nov. Di.–So. 10.00–12.00, 13.00–17.00, im Winter Sa., So. 10.00–12.00 und 13.00–17.00 Uhr).

INFORMATION
I-Punkt, Marktplatz 37/1,
73525 Schwäbisch Gmünd,
Tel. 07171 6 03 42 50, www.schwaebisch-gmuend.de und www.stauferland.de

2 Geislingen

Am Treffpunkt von fünf Tälern liegt das im 11. Jh. gegründete heutige Mittelzentrum

(28 400 Einw.), ringsum breitet sich ein Wander- und Bäderparadies aus. Bekanntestes ansässiges Unternehmen ist die Württembergische Metallwarenfabrik (WMF).

SEHENSWERT
Die mittelalterliche Stadtanlage mit den vielen Fachwerkhäusern rund um die Stadtkirche (15. Jh.) lohnt einen **Altstadt**-Bummel. Höhepunkt der Fachwerkkunst ist der **Alte Bau** (um 1445). In ihm stellt das **Südwestdeutsche Schatztruhenmuseum** seine Prunkstücke aus (Moltkestr. 11; Mai–Okt. Di.–So. 15.00 bis 17.00 Uhr); außerdem gibt es Heimatkundliches und einiges zur **Geislinger Steige,** einem bekannten, 1850 eröffneten Bahnanstieg.

UMGEBUNG
Warmes Wasser aus der Tiefe speist die Thermalbäder entlang der Filstal-Bäderachse in **Bad Boll, Bad Ditzenbach** und **Bad Überkingen** (Bad Boll, Am Kurpark 1, Tel. 07164 8 13 23, www.rehaklinik-bad-boll.de; Mo.–Fr. 8.00–21.00, Sa., So. 9.00–17.00 Uhr. Bad Überkingen, Am Kurpark 1, Tel. 07331 6 10 87, www.thermalbad-ueberkingen.de; Mo. 9.00–14.00, Di.–Sa. bis 22.00, So. bis 20.00 Uhr. Bad Ditzenbach, Vinzenz-Mineraltherme, Kurhausstraße 18, Tel. 07334 7 66 00, www.vinzenztherme.de; tgl. 9.00–21.00 Uhr).

HOTEL
Wellness und moderne Zimmer bietet das **€ € € Vitalhotel Sanct Bernhard** (Sonnenbühl 1, 73342 Bad Ditzenbach, Tel. 07334 9 64 10, www.vitalhotel-sanct-bernhard.de).

INFORMATION
Tourismus & Stadtmarketing, Hauptstraße 1, 73312 Geislingen an der Steige, Tel. 07331 24 13 74, www.geislingen.de

3 Blaubeuren

Am Südostrand der Alb bilden Ach und Blau zwei markante Täler Richtung Donau. Vor allem der Blautopf zieht viel Publikum in die von Fachwerk bestimmte Altstadt, die aus der Siedlung eines 1085 gegründeten Klosters entstanden ist (heute 12 400 Einw., Stadtrecht 13. Jh.).

SEHENSWERT
Die intensive Färbung seines Wassers gab dem **Blautopf** seinen Namen. Feinste Trübungen im Wasser streuen das kurzwellige Blaulicht und werfen einen Teil zurück. Zwischen 2000 und 32 000 Liter pro Sekunde sprudeln je nach Jahreszeit und Witterung aus dem Urgrund der Alb ans Licht. Hauptsehenswürdigkeit im ehem. Benediktinerkloster (um 1500, heute Gymnasium) ist die **Klosterkirche,** deren Chorraum mit Hochaltar (1493) zu den Meisterwerken der Spätgotik zählt.

MUSEEN
Für die ganze Familie interessant: das **Urgeschichtliche Museum** mit Funden aus der Altsteinzeit aus div. Alb-Höhlen (s. S. 108/109).

Marktplatz von Aalen; Kloster Neresheim; Blautopf in Blaubeuren

Im ehem. Badhaus der Mönche, einem Fachwerkbau von 1516, ist das **Heimatmuseum** untergebracht (Klosterhof 11, April–Okt. tgl. 10.00–17.00 Uhr).

UMGEBUNG
Rund 80 m unter die Erde führt die einzige Schachthöhle Deutschlands, die Tiefenhöhle in **Laichingen** (14 km nordwestl.; Tel. 07333 55 86; Ostern–Okt. tgl. 10.00–18.00 Uhr, www.tiefenhoehle.de). Das angeschlossene Museum informiert über alle Schauhöhlen der Alb.

INFORMATION
Touristinformation, Kirchplatz 10, 89143 Blaubeuren, Tel. 07344 96 69 90, www.blaubeuren.de

4 Aalen

Das wichtige Industriezentrum (68 300 Einw.) versprüht viel Charme, nicht zuletzt dank der regen Studenten- und Kulturszene. Besuchermagnet sind die Römertage im Sept., die an das größte Reiterkastell nördlich der Alpen (um 150) erinnern. Der Wohlstand gründet vor allem auf Eisenerzabbau und -verarbeitung (1608–1939).

SEHENSWERT
Beliebte Treffpunkte sind Marktbrunnen (1705) sowie Kneipen und Cafés rund um **Marktplatz** und **St. Nikolaus** (18. Jh.; Turmblasen tgl. 18.00, Fei. 8.30 Uhr), besonders in der Radgasse mit ihren alten Häusern. Oben aus dem Fenster des **Historischen Rathauses** (14. Jh.) am Marktplatz lugt keck der „Aalener Spion“.

MUSEEN
Das **Limesmuseum** ist das größte Römermuseum Deutschlands; besonders gut gelingt die Zeitreise dank Freigelände und der neu gestalteten Ausstellung (St.-Johann-Straße 5, Tel. 07361 5 28 28 70, www.limesmuseum.de; Di. bis So. 10.00–17.00 Uhr). Einblicke in die „Eisenzeit“ gibt das **Besucherbergwerk Tiefer Stollen** in Wasseralfingen. Die Führung dauert etwa eineinhalb Stunden (Erzhäusle 1, Tel. 07361 97 02 49, www.bergwerk-aalen.de; Di. bis So. 10.00–16.00 Uhr). 120 Experimente auf 1200 m² – das begeistert nicht nur Kinder und Jugendliche im **explorhino** (Beethovenstr. 12,

Tel. 07361 5 76 18 00, Di.–Fr. 14.00–18.00, Sa., So. 10.00–18.00 Uhr).

AKTIVITÄTEN
Entspannung versprechen die **Limesthermen** (Osterbucher Platz 3, Tel. 07361 9 49 30, www.limes-thermen.de; Mo.–Do. 8.30–21.00, Fr. bis 22.00, Sa. und So. 9.00–21.00 Uhr). Wacholderheiden, Weidbuchen, Ruhe und Aussicht gibt es auf dem **Volkmarsberg** bei Oberkochen. **Wanderungen** führen zur Quelle der Weißen Kocher bei Unterkochen und dem Quelltopf der Schwarzen Kocher bei Oberkochen.

HOTEL/RESTAURANT
Puristisch oder Landhaus-Stil? Das **€ € / € € € Goldene Lamm** lässt Gästen die Wahl. Die Küche überzeugt mit frischen Produkten (Kocherstraße 8, 73432 Aalen-Unterkochen, Tel. 07361 9 86 80, www.das-goldene-lamm.de).

UMGEBUNG
Alles zu Brillen, Fernrohren, Superlinsen zeigt das **ZEISS Museum der Optik** (Oberkochen, Carl-Zeiss-Straße 22, Tel. 07364 200, www.zeiss.de; Mo.–Fr. 9.00–17.00 Uhr).
Der eindrucksvollste Berg weit und breit ist der **Ipf,** ein Zeugenberg, zu dessen Füßen Bopfingen (25 km östl.) liegt. In der Keltenzeit befand sich auf dem Gipfel ein Fürstensitz; Schautafeln am Fuß des Ipfs informieren über Details.

INFORMATION
Tourist-Information, Reichsstädterstraße 1, 73430 Aalen, Tel. 07361 52 23 58, www.aalen-tourismus.de

5 Heidenheim

Die Industriestadt (49 300 Einw.) ist Zentrum des gleichnamigen Landkreises. Bis ins 2. Jh.

gab es ein römisches Kastell, das nach Aalen verlegt wurde. Bereits im Mittelalter war Metallverarbeitung wirtschaftliche Basis, später auch Textilherstellung.

SEHENSWERT

An Stelle einer Stauferburg erhebt sich seit dem 16. Jh. **Schloss Hellenstein** mit Fruchtkasten (17. Jh.) und verschiedenen Renaissance-Schlossbauten, heute Museum der Vor- und Frühgeschichte, Kirchenkunst und Herrschaftsgeschichte (Tel. 07321 433 81; April–Okt. Di.–Sa. 11.00–16.00, So. 11.00–17.00 Uhr). Am Fuß des Schlossberges öffnet sich in der **Altstadt** ein Gässchen-Labyrinth.

MUSEEN

Wechselausstellungen, Gegenwartskunst und Picasso-Plakate zeigt das **Kunstmuseum Hermann Voith** (Marienstr. 4, Tel. 07321 327 48 10, www.kunstmuseum-heidenheim.de; Di., Do.–So. 11.00–17.00, Mi. 13.00–19.00 Uhr). Relikte der Römerzeit präsentiert das **Museum im Römerbad** (Theodor-Heuss-Str. 3, Mai–Okt. So. 13.00 bis 17.00 Uhr, Tel. 07321 3 27 47 10).

AKTIVITÄTEN

Zwei der schönsten Wacholderheiden mit markanten Jurafelsen: Das **Eselsburger Tal** (8 km südl., südl. von Herbrechtingen außerhalb der Karte) mit den „Steinernen Jungfrauen" und das **Wental** nördl. Steinheim am Albbuch (8 km westl.) sind schöne Wanderziele.

EINKAUFEN

Im Hofladen der **Schäferei Smietana** sind Schaffelle, Wollsocken und Lammfleisch erhältlich (Steinheim am Albbuch, www.schafhof-steinheim.de).

UMGEBUNG

Schon von weiter Ferne sichtbar erhebt sich **Kloster Neresheim** (nordöstl.) majestätisch mit spätbarocker Abteikirche, 1750–1792 erbaut nach Plänen von Balthasar Neumann. Noch bewohnen Benediktinermönche die Abtei, die auch über einen Besuchertrakt verfügt. Die Kanzleiräume der Äbte im Klostermuseum zeugen von Reichtum; barockes Unterrichtsmaterial ist eine Augenweide (Führungstermine unter www.abtei-neresheim.de). Weltbekannt wurde **Giengen** (12 km südl.) durch die Stofftiere von Margarete Steiff. Die „Welt von Steiff" besitzt nebst Museum mit 3000 Stofftieren einen Stofftier-Streichelzoo (Margarete-Steiff-Platz 1, Tel. 07322 13 15 00, www.steiff.de; tgl. 10.00–17.00 Uhr). In **Giengen-Hürben** (südw. außerhalb der Karte) bieten HöhlenHaus und HöhlenSchauLand Informationen rund um Geologie, Höhlen und Steinzeitmenschen (www.hoehlenerlebniswelt.de; Mi. bis So. 11.00–16.00 Uhr). Gleich nebenan lockt die Charlottenhöhle mit einem Gang unter die Erde.

INFORMATION

Stadt-Information, Christianstraße 2, 89522 Heidenheim an der Brenz, Tel. 07321 3 27 49 10, www.tourismus-heidenheim.de

AM KRATERRAND ENTLANG

Rund 15 Millionen Jahre ist es her, dass ein schätzungsweise 100 bis 150 Meter große Meteorit auf der Schwäbischen Alb einschlug. Er schuf einen kreisrunden Krater mit rund 4 Kilometer Durchmesser, der heute immer noch gut sichtbar ist: das Steinheimer Becken. Unvorstellbare Kräfte wurden durch die „Bombe" aus dem All entfesselt: Sie riss bei ihrem Aufprall Gesteine aus bis zu 380 Metern Tiefe heraus, schleuderte einen Splitterregen bis in die Schweiz und löschte im Umkreis von vielen Hundert Kilometern auf einen Schlag alles Leben aus.

In den Krater floss Wasser, ein See entstand, in dessen Mitte der Zentralhügel aus den Fluten ragte. Irgendwann kehrte das Leben zurück, es entwickelte sich sogar eine sehr spezielle, berühmt gewordene Flora und Fauna.

Zwei Lehrpfade – unterschiedlich lang, landschaftlich schön – führen um den Krater herum, dessen Inneres Ackerland geworden ist. Wer genau hinschaut, entdeckt in den Äckern Impaktbrekzien, durch den Aufprall zertrümmerte Juragesteine. Start beider Wanderwege ist das Meteorkratermuseum in Sontheim-Stubental. Im Knillwäldchen trennen sich der geologische Lehrpfad und der Meteorkrater-Rundweg. Der geologische Lehrpfad führt über den Zentralhügel, den Steinhirt, wo sich mit dem Wäldlesfels ein acht Meter hoher Algenkalkklotz wie eine mächtige Faust dem Kosmos entgegenstreckt.

Die Topografie des Steinheimer Beckens lässt noch heute erahnen, wie es vor rund 15 Millionen Jahren entstanden ist.

Meteorkrater-Rundwanderweg 20 km (Markierung: Geweih),
Geologischer Lehrpfad 6 km (Markierung: Meteorit),
Meteorkratermuseum: Sontheim, März–Okt. Do., Fr. 13.00 bis 17.00, Sa., So. 10.00–18.00 Uhr
Einkehren: Hotel Zum Kreuz, Steinheim, Tel. 07329 96150, www.kreuz-steinheim.de
Sontheimer Wirtshäusle, Sontheim, Tel. 07329 50 41, www.sontheimer-wirtshaeusle.de (abends geöffnet)

Regionale Erzeugnisse

GENUSS VON DER ALB

Regional sollen die Produkte sein, möglichst aus nachhaltiger Herstellung und artgerechter Tierhaltung? Da kann die Schwäbische Alb sehr gut mithalten. Dank den alten, kleinbäuerlichen Strukturen und den vielen kreativen Köpfen erlebte so manche Genuss-Sparte eine Renaissance. Im Direktverkauf, in Hofläden oder an Straßenständen lassen sich Edelbrände aus Obst, Schaumweine, lokale Biere, ideenreiche Obstprodukte, Forellenspezialitäten, Wurst und Gutes vom Schaf, aber auch von Büffeln erwerben.

1 Kirsche im Abendrot

Malerisch schmiegt sich der Berghof Rabel in die Streuobstwiesen unterhalb der „Bassgeige" bei Owen. Blüten, Beeren und Früchte dieses Hofguts werden sorgsam geerntet und weiter verarbeitet. Das Angebot ist reichhaltig: Brennmeister Thomas Rabel bietet im Hofladen Edelbrände mit so poetischen Namen wie „Kirsche im Abendrot" an, produziert schwäbischen Whisky, Hägengeist und andere Raritäten. Holunder- und Mostgelee zählen zu den besonderen Spezialitäten. Auf ungedüngten Wiesen zieht Rabel Löwenzahn und verarbeitet ihn zu Aperitifwein – das hat Seltenheitswert.

Berghof Rabel, 73277 Owen, Tel. 07021 86 19 61, www.berghof-rabel.de, Di.–Do. 14.00–18.30, Fr. 10.00 bis 18.30, Sa. 10.00–14.30 Uhr

2 Rare Schätze

Die Champagner-Bratbirne hat Jörg Geiger berühmt gemacht. Aus dieser Birnensorte stellt er einen spritzig-eleganten Schaumwein her und unterstützt damit gleichzeitig den Erhalt einer regionalen Sorte. Diese und andere alte Sorten sind rar geworden, weshalb man mit dem Kauf in Jörg Geigers Manufaktur zugleich einen Beitrag zum Schutz der artenreichen Streuobstwiesen leistet. Dabei ist die Produktpalette riesig. Bittenfelder, Gewürzluike, Speckbirnen und viele andere Obstsorten kommen hier zu höchsten Ehren. Neben Schaumweinen und portweinähnlichen Varianten stehen schwäbischer Kir und Prisecco, eine alkoholfreie Sektvariante, hoch im Kurs.

Manufaktur Jörg Geiger, Eschenbacher Straße 1, 73114 Schlat, Tel. 07161 9 99 02 24, www.manufaktur-joerg-geiger.de, Mo.–Fr. 10.00–12.00, 14.00–17.00, Sa. 10.00–14.00 Uhr

3 Im Forellenland

Direkt unterhalb des Biosphärengebiets Schwäbische Alb strömt die junge Echaz munter zu Tal. Nur 500 Meter von ihrer Quelle entfernt liegen die 10 Teiche und 3 Fließkanäle des Forellenhofs Rössle. Hier wachsen im sauberen, kalten Albwasser Forellen, Lachsforellen und Saiblinge heran, werden fangfrisch in der Tobelmühle gebeizt und geräuchert. Die beliebten Forellenspezialitäten kann man vor Ort kaufen oder im Restaurant als Forelle in zahlreichen Variationen verspeisen, etwa als Lachsforelle in schwäbischem Whisky gebeizt und mit Alblinsen serviert. Zum Restaurant gehört auch ein Wintergarten mit Blick zum Schloss Lichtenstein.

Hotel Restaurant Forellenhof Rössle, Heerstraße 20, 72805 Lichtenstein-Honau, Tel. 07129 92 97-0, www.forellenhof-roessle.de, Forellenverkauf tgl. 9.00 bis 20.00 Uhr

4 Rotes Gold

Bad Ditzenbachs Ortsteil Auendorf gilt als Hochburg der Hagebuttenverarbeitung. Aus diesen kleinen, tiefroten Früchten der Heckenrosen wird das sogenannte „Hägenmark" gefertigt, eine Konfiture, die wie kein anderer Brotaufstrich den besonderen Charakter der Alb einfängt: herb und süß zugleich und das in perfekter Harmonie. Nach Hausfrauenart hergestelltes Hägenmark und Köstlichkeiten wie Holunder- und Quittengelee werden am Straßenrand und in kleinen, nach Bedarf geöffneten Hofläden vertrieben, so beispielsweise bei Heinrich Rösch, ein Familienunternehmen, das seit über 160 Jahren Hagebuttenmark und Hagebutten-Konfitüre herstellt. Das Sortiment besteht aus rund 25 verschiedenen Konfitüren.

Heinrich Rösch, Göppinger Straße 26, 73342-Bad Ditzenbach-Auendorf, Tel. 07334 52 87, www.manufaktur-roesch.de

⑤ Gutes vom Albbüffel

In Hohenstein-Meidelstetten werden Wasserbüffel gezüchtet. Die schwarzen Kolosse verbringen die Sommermonate unter freiem Himmel auf den duftenden, biozertifizierten Weiden der Alb. Die Milch der Kühe aus der eigenen Herde verarbeitet Helmut Rauscher in der Hohensteiner Hofkäserei zu sehr aromatischem Rohmilch-Albbüffel-Käse wie auch zu „Albzarella“. Und Ludwig Failenschmid stellt aus dem feinfasrig-saftigen Fleisch hervorragende Metzgereiprodukte her, u.a. hausgemachte Maultaschen vom Albbüffel in Dinkelteig. Auch luftgetrockneter Schinken vom Bio-Alblinsenschwein geht über den Ladentisch.

Hohensteiner Hofkäserei, Heidäcker Hof 1, 72531 Hohenstein-Ödenwaldstetten, Tel. 07387 12 97, www.albkaes.de, tgl. 9.00–19.00 Uhr

Metzgerei Failenschmid, Parkstr. 2, 72813 St. Johann-Gächingen, Tel. 07122 8 28 70, Mo., Di., Do., Fr. 8.00–18.30, Sa. 7.30–18.00 Uhr; Filiale in der Stuttgarter Markthalle, weitere Filialen im Großraum Reutlingen und unter www.failenschmid.de

⑥ Grasende Umweltschützer

Beim Urlaub auf der Schwäbischen Alb macht jeder Gast früher oder später Bekanntschaft mit den Schafen. Sie halten Gras und Baumwuchs kurz und sorgen dafür, dass die kargen Wacholderheiden nicht überwuchert werden. Mehrere Wanderschäfer ziehen noch nach alter Sitte über die Alb. Ihre Tiere knabbern die besten Kräuter und liefern entsprechend hochwertiges Fleisch. Der Erlös aus dem Verkauf der unterschiedlichsten Schafsprodukte – zartes Lammfleisch, Wurstwaren und kuschelige Schaffelle – trägt mit dazu bei, den Schäfern ein Auskommen zu sichern und die bedeutende Kulturlandschaft auf der Alb zu erhalten.

Schäferei Stotz, Viehweide 2, 72525 Münsingen, Tel. 07381 14 14, www.schaefer-stotz.de, Sa. 7.00–11.00 Uhr und nach Vereinbarung

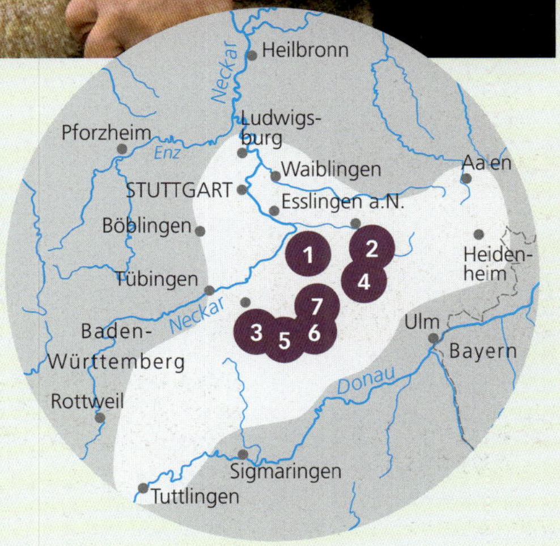

⑦ Hopfen und Malz

Kleine Brauereien erleben eine rasante Renaissance. Der Boom nützt auch den vielen Bierbrauern auf der Alb, die teils schon seit Generationen Hopfen und Malz nach dem deutschen Reinheitsgebot in Bierspezialitäten verwandeln. Die Produktionsmenge ist überschaubar, der Geschmack stets einzigartig. Die Böhringer Brauerei beispielsweise geht auf den Hirsch-Wirt zurück, der schon 1826 das Dorf mit Bier versorgte. Heute bietet die Brauerei unter anderem ein Export, ein Kellerpils und dunkles Bier. Ein zermürbendes Auf und Ab im Konkurrenzkampf mit den Großbrauereien hat Familie Speidel mitgemacht. 1977 musste man den Betrieb einstellen, doch seit 1993 braut man wieder mit großem Erfolg Helles, Weizen und allerhand andere Spezialitäten, darunter auch ohne Alkohol.

Böhringer Biere, Hirschbrauerei Schilling, Aglishardter Str. 37, 72587 Römerstein-Böhringen, Tel. 07382 9 38 80, www.boehringer-biere.de, Mo.–Fr. 8.00–12.00, 13.00–17.00 Uhr (Brauereibesichtigung möglich)

Brauerei Gasthof Lamm/Speidels BrauManufaktur, Im Dorf 5, 72531 Hohenstein-Ödenwaldstetten, Tel. 07387 9 89 00, www.speidels-braumanufaktur.de, Verkostung und Bierseminare möglich

Weinstube Stetter im Stuttgarter Bohnenviertel, Speck und Obstler, Gaisburger Marsch

HILFREICH & NÜTZLICH

Keine Reise ohne Planung. Auf den folgenden Seiten haben wir für Sie Wissenswertes und wichtige Informationen für Ihren Aufenthalt in Stuttgart und/oder auf der Schwäbischen Alb zusammengestellt.

Anreise

Mit dem Auto: Stuttgart liegt am Schnittpunkt von zwei Autobahnen, der A 8 von Karlsruhe nach München und der A 81 von Singen in Richtung Heilbronn. Die Schwäbische Alb ist über die A 8, die A 81 und die A 7 zu erreichen.
Mit der Bahn: Über das Bahnnetz (ICE, TGV und IC) sowie FlixTrain ist Stuttgart mit vielen deutschen Städten verbunden. Von Stuttgart aus ist die Schwäbische Alb per Regionalbahn oder Bus erreichbar. Regionalzüge um Tübingen, Reutlingen, Zollernalb, Sigmaringen (www.naldo.de), um Ulm, Blaubeuren, Ehingen, Riedlingen (www.ding.eu).
Der Verkehrsverbund Stuttgart (VVS) bietet Touristen ein **3-Tages-Ticket,** jeweils für einen Erwachsenen und zwei Kinder: für 14 € gültig im Stadtzentrum und für 19,50 € gültig im ganzen VVS-Netz, zu kaufen in fast allen Hotels und Gasthöfen oder bei der Touristeninformation (s. Auskunft, www.vvs.de).
Günstig fährt man außerhalb Stuttgarts mit dem **Schönen-Wochenende-Ticket** der Bahn (ab 24 €) oder dem **Baden-Württemberg-Ticket** (bis zu 5 Personen möglich, ab 24 €).
Mit dem Flugzeug: Der Flughafen Stuttgart hat tgl. Direktverbindungen zu allen wichtigen deutschen und europäischen Flughäfen (www.flughafen-stuttgart.de).

Auskunft

Stuttgart-Marketing GmbH, Königstr. 1a (gegenüber Hauptbahnhof), 70173 Stuttgart, Tel. 0711 2 22 80, www.stuttgart-tourist.de

Schwäbische Alb Tourismusverband, Bismarckstraße 21, 72574 Bad Urach, Tel. 07125 93 93 00, www.schwaebischealb.de Auskunft und ausführliche Broschüren über die Reiseziele **UNESCO GeoPark, Biosphärengebiet** und **Welterbe Limes** sind erhältlich über www.geopark-alb.de, www.biosphaerengebiet-alb.de und www.limesstrasse.de.

Essen und Trinken

Mit dem Besuch von Stuttgart und der Schwäbischen Alb erreicht man das Hoheitsgebiet der schwäbischen Küche (s. auch S. 72).
Spätzle stehen ganz oben auf der Liste der beliebtesten Gerichte. In Form von **Käsespätzle** bilden sie ein eigenständiges Gericht. **Sauerbraten** und **Zwiebelrostbraten** gehören zu den beliebtesten Begleitern der Spätzle. Und beim Stichwort **Linsen mit Spätzle** geraten Schwaben ins Schwärmen. Ebenfalls zu den Klassikern zählen die **Maultaschen,** eine Art überdimensionaler Ravioli mit einer Füllung aus Hackfleisch, Brät, Spinat, Zwiebeln und eingeweichten Weckle (Brötchen). Maultaschen kommen wahlweise mit in brauner Butter angebratenen Zwiebeln („geschmälzt") und Kartoffelsalat, in der Brühe oder geröstet auf den Tisch. Auch **Gaisburger Marsch** ist ein Relikt der Resteküche, ein Eintopfgericht, das seinen Ursprung in Stuttgarts Stadtteil Gaisburg haben soll. Kartoffeln, Spätzle, Rindfleisch und Rinderbrühe gehen hier eine besonders gekonnte Verbindung ein. Insgesamt ist der Stellenwert von Suppen in Schwaben hoch, sei es **Kartoffelsuppe** oder **Flädlesuppe** (mit feingeschnittenen Flädle, also Pfannkuchen, vom Vortag).
Süßspeisen wie **Kirschenmichel,** ein Auflauf aus altbackenen Brötchen oder Brot, Butter, Milch, Ei, Zucker und eben Kirschen, der ähnliche **Ofenschlupfer** mit Äpfeln oder **Dampfnudeln** aus Hefeteig begeistern nicht nur Kinder. Ein Markenzeichen schwäbischer Bäckerkunst ist die **Laugenbrezel**.
Unter den Getränken stellt der **Most** aus Äpfeln und Birnen ein urschwäbisches Getränk dar. Württemberger **Wein,** insbesondere aus der Stuttgarter Region, wird zunehmend als Spitzenprodukt gekeltert.
Empfehlungen: Auf den Info-Seiten der einzelnen Kapitel sind Restaurants und Gasthöfe ohne Anspruch auf Vollständigkeit genannt.

Preiskategorien

€€€	Hauptspeisen	über 25	€
€€	Hauptspeisen	15–25	€
€	Hauptspeisen	bis 15	€

Feste und Veranstaltungen

Februar/März: Fasnachtszeit u. a. in Schömberg, Sigmaringen und Schwäbisch Gmünd.

Anzeige
ARCOTEL Camino

Das zweitgrößte Volksfest Deutschlands nach dem Münchner Oktoberfest findet alljährlich auf dem Cannstatter Wasen statt.

April/Mai: Stuttgarter Frühlingsfest, Bärenhöhlenfest St. Johann (Himmelfahrt).
Pfingsten: Nebelhöhlenfest in Gomadingen.
Mai/Juni: Maientag in Göppingen mit historischem Umzug zur Staufergeschichte, Schäferlauf in Heidenheim (in Jahren mit gerader Jahreszahl).
Juni/Juli: Stadtfest in Schwäbisch Gmünd, Festival Bang your Head für Heavy-Metal-Fans in Balingen.
Juli: Schäferlauf in Bad Urach (in Jahren mit ungerader Jahreszahl), Opernfestspiele in Heidenheim an der Brenz.
Juli/August: Festival der Europäischen Kirchenmusik in Schwäbisch Gmünd.
August: Stuttgarter Sommerfest, Flugtag auf dem Degerfeld in Albstadt-Tailfingen (jährlich am letzten Augustwochenende), Großes Römerfest im Römischen Freilichtmuseum Hechingen-Stein.

Info

Daten & Fakten

Allgemein: In der baden-württembergischen Landeshauptstadt Stuttgart leben rund 630 000 Einw., verteilt auf 23 Stadtbezirke. Die Schwäbische Alb bedeckt rund 200 km in der Länge und etwa 40 km in der Breite. Die größte Stadt hier ist Reutlingen (116 000 Einw.). Höchster Berg ist der Lemberg mit 1015 m.
Klima: Stuttgart zählt zu den wärmsten Gebieten in Deutschland, dagegen ist es auf der östlichen Alb häufig kühl und windig.
Landesnatur: Markant ist die Kessellage des Stadtzentrums. Die Schwäbische Alb entstand aus Meeresablagerungen, den Juragesteinen. Charakteristisch ist der nördliche Steilabfall („Trauf"), nach Süden hin läuft das Gelände sanft aus. Eine Besonderheit ist der durch Meteoriteneinschlag geschaffene Krater des Steinheimer Beckens.
Wirtschaft: Der mittlere Neckarraum mit Stuttgart als Zentrum gehört zu den wirtschaftsstärksten Regionen Deutschlands. Wichtige Branchen sind Maschinenbau und Elektrotechnik, vor allem Automobilindustrie wie die Daimler AG und Porsche AG. Die Alb zählt mit Ausnahme der städtischen Regionen zu den strukturschwachen Gebieten Baden-Württembergs.

Info

Vergünstigungen

Die StuttCard bietet 24, 48 oder 72 Stunden lang freien oder ermäßigten Eintritt zu zahlreichen Angeboten rund um Kunst, Kultur und Erlebnis (ab 18 €). Die Variante StuttCard Plus gewährt auch unbegrenzt freie Fahrt im VVS-Netz (ab 27 €). Details bei der Touristeninformation Stuttgart.

August/September: Stuttgarter Weindorf, Internationales Oldtimer-Fliegertreffen in Kirchheim/Teck (in Jahren mit ungerader Jahreszahl), Reutlinger Herbst in Reutlingen.
September/Oktober: Römertage Aalen (letztes Sept.-Wochenende, in Jahren mit gerader Jahreszahl), Hengstparade Marbach, Herbstliche Musiktage Bad Urach.
Herbst: Weinfeste u. a. in Dettingen/Erms, Metzingen (3. Okt.-Woche) und Neuffen.
November: Aalener Jazzfest, Internationale Theatertage in Göppingen.
Dezember: Weihnachtsmärkte in Stuttgart, Hechingen, Tübingen und Ulm.

Museumsbahnen

Auf dder Schwäbischen Alb fahren drei Dampfeisenbahnen: **Schwäbische Alb-Bahn** (Münsingen; www.alb-bahn.com), **Härtsfeld-Museumsbahn „Schättere"** (Neresheim; www.hmb-ev.de) und **Lokalbahn Amstetten-Gerstetten** (Gerstetten; www.uef-lokalbahn.de).

Sport

Stuttgart: In der Mercedes-Benz-Arena kickt der VfB Stuttgart. In der Hanns-Martin-Schleyer-Halle und in der Porsche-Arena sind Konzerte und Sportveranstaltungen zu erleben.
Wandern: Wanderwege des Schwäbischen Albvereins auf www.albverein.net. Drei Qualitätswanderwege ziehen sich über die Bergesgipfel und durch die Täler: der **Donau-Zollernalbweg** (157 km), **der Donaubergland-weg** (57 km) und der **Panoramaweg** (350 km). Wer nicht alleine wandern will, kann sich auf der Mittleren Alb (www.alb-guide.de) und der Ostalb (www.ostalbkreis.de) einer geführten Tour der **Alb-Guides** anschließen.
Für Aalen und andere Gemeinden, in deren Nähe einst der römische Limes verlief, existiert ein gesondertes Angebot: Tour mit den **Limes-Cicerones,** ebenfalls ausgebildeten Gästeführern (www.limes- cicerones.de).
Klettern: Im Oberen Donautal wurde bei Inzigkofen ein **Felslehrpfad** eröffnet. Kletter- und Hochseilparks befinden sich in Laichingen, Lichtenstein, Schwäbisch Gmünd, Waldstetten und Sigmaringen.
Radfahren: Der **Radel-Thon-Rundweg** führt rund um Stuttgart (80 km Streckenlänge, auch

Ob im Mineralbad Leuze, im Großen Lautertal oder am Hohenneuffen – Aktivurlaubern bieten sich in Stuttgart und auf der Schwäbischen Alb mannigfaltige Optionen.

in Teilabschnitten befahrbar, von 210 m auf 520 m, insgesamt ca. 860 Höhenmeter). Die nördliche Steilstufe der Alb ist ein Härtetest für alle Radfahrer, der hohe Ansprüche stellt. Insgesamt gilt die Alb als hervorragendes Radelrevier. Mountainbiker, die die Alb in voller Länge genießen wollen, folgen dem Trail **Bike-X-ing** (368 km von Aalen nach Tuttlingen, GPS-Daten und weitere Infos unter www.schwaebischealb.de).

Besonders reizvoll sind die Touren entlang der Flusstäler, die sehr viel gemütlicher sind als diejenigen den Albtrauf hinauf und hinab. Infos zu Radwegen und Tourenvorschläge beim Tourismusverband Schwäbische Alb (s. Auskunft). Dort ist eine Radlerbroschüre erhältlich, die auch Informationen für E-Bike-Touren – Strecken, Leihstellen, Service- und Ladestationen – enthält, bietet sich doch die Alb auch fürs elektrisch unterstützte Radeln bestens an.

In Heidenheim gehört der **MTB-Park** am Hochberg zu den namhaftesten Angeboten für Mountainbiker (Infos bei der Heidenheimer Tourist-Information, s. S. 113).
Flugsport: Sportflugplätze gibt es u.a. bei Albstadt-Degerfeld, Bad Ditzenbach, Bopfingen, Ellwangen, Gerstetten, Hayingen, Heubach, Hülben, Kirchheim/Teck, Münsingen.
Über **Ballonfahrten** informiert der Tourismusverband (s. Auskunft).
Wintersport: Sollte Schnee liegen, gilt die Hochfläche der Alb als Dorado der Langläufer.

Info

Geschichte

vor 35 000 Jahren: Rentierjäger (Neandertaler und Homo sapiens) besiedeln die Alb und schaffen die ältesten Kunstwerke der Welt.
um 750/600 v. Chr.: Keltische Fürstensitze auf dem Ipf und der Heuneburg bei Hundersingen (Donau)
80–100 n. Chr.: Römer sichern den Limes mit Reiterkastellen in Aalen und Heidenheim.
um 950: Herzog Luitolf von Schwaben legt „Stuotengarten" an; erste urkundliche Erwähnung Stuttgarts 1229.
14. Jh.: Stuttgart wird zum Zentrum der Grafschaft Württemberg ausgebaut.
1534: Einführung der Reformation durch Herzog Ulrich von Württemberg
1802–1810: Napoleon löst die Kleinstaaten auf; Profiteure sind das neue Königreich Württemberg und das neue Großherzogtum Baden.
1806–1918: Königreich Württemberg mit Stuttgart als Residenz. Industrieller Aufschwung u. a. durch Unternehmensgründungen von Robert Bosch (1886) und Gottlieb Daimler (1890).
1940–1945: 53 verheerende alliierte Bombenangriffe auf Stuttgart zerstören im Verlauf des Zweiten Weltkriegs ganze Stadtviertel.
1952: Zusammenschluss der drei Länder Südbaden, Württemberg-Hohenzollern und Württemberg-Baden zum Bundesland Baden-Württemberg; Stuttgart wird Landeshauptstadt und Regierungssitz.
2003: Die Schwäbische Alb erhält die Auszeichnung „Nationaler Geopark".
2010: Baubeginn von Stuttgart 21
2017: Höhlen und Eiszeitkunst der Schwäbischen Alb werden UNESCO-Welterbestätte.
2025: Geplante Fertigstellung des Bahnhofs (Stuttgart 21)

Unterkunft

Hotels und Gasthöfe: Auf den Infoseiten der einzelnen Kapitel sind einige Hotels und Gasthöfe genannt.

Preiskategorien

€ € €	Doppelzimmer	über 130 €
€ €	Doppelzimmer	80 – 130 €
€	Doppelzimmer	bis 80 €

Camping: für www.stuttgart-tourist.de/camping-und-wohnmobil-in-stuttgart; für die Schwäbische Alb www.camping-bw.de
Jugendherbergen: www.stuttgart-tourist.de/unterkuenfte-stuttgart/unterkuenfte-fuer-junge-leute-stuttgart; für die Schwäbische Alb www.jugendherberge.de
Wanderheime: www.albverein.net
Über 150 AlbCard-Gastgeber auf der Schwäbischen Alb schenken bereits ab der ersten Urlaubsnacht die **AlbCard**, mit der man kostenlosen Eintritt bei mehr als 150 TOP-Sehenswürdigkeiten und freie Fahrt im öffentlichen Nahverkehr genießt.

REGISTER

Fette Ziffern verweisen auf Abbildungen

Impressum

4. Auflage 2022

Verlag: DuMont Reiseverlag, Postfach 3151, 73751 Ostfildern, Tel. 0711/450 2-0, Fax 07 11/4 50 2-1 35, www.dumontreise.de
Geschäftsführer: Dr. Stephanie Mair-Huydts, Markus Schneider
Programmleitung: Birgit Borowski
Redaktion und Aktualisierung: Achim Bourmer
Text: Dina Stahn, Stuttgart
Exklusiv-Fotografie: Reinhard Schmid (Huber Images)
Titelbild: Huber Images/Reinhard Schmid (Schlossplatz)
Zusätzliches Bildmaterial: S. 16/17, 18/19 huber/R. Schmid, S. 20 o. laif/Gerald Haenel, u. mauritius/Alamy/GOIMAGES, S. 21 l. o. huber/R. Schmid, r. laif/Berthold Steinhilber, u. Weinstube Fröhlich, S. 36 picture-alliance/DB AG/Next Edit, S. 37 o. picture-alliance/dpa/Roland Holschneider, S. 48 M. huber/R. Schmid, S. 61 mauritius/André Pöhlmann, S. 75 laif/Jens Schwarz, S. 78 l. o. laif/Andreas Hub, l. u. DuMont Bildarchiv/Olaf Meinhardt, Thomas Schulze, S. 79 o. vario/Westend61, u. mauritius/Robert Knöll, S.84/85 u. Holy AG, S. 94 r. huber/R. Schmid, S. 95 o. Heiko Hermann, r. u. look/Jan Greune, S. 97 l. DuMont Bildarchiv/J. A. Fischer, S. 99 mauritius/Norbert Eisele, S. 108 und 109 r. Universität Tübingen/Hilde Jensen, S. 114 o. huber/R. Schmid, u. Hohensteiner Hofkäserei, S. 115 l. o. huber/R. Schmid, l. u. Metzgerei Failenschmid, r. laif/Markus Kirchgessner, S. 116 r. o. DuMont Bildarchiv/J. Holz, S. 118 l. u. huber/Mehlig, S. 120 l. picture-alliance/Eky Eibner, r. mauritius/Wolfgang Diederich, 121 l. o., r. o. picture-alliance/Marijan Murat, l. u. picture-alliance/Bernd Weißbrod, r. u. picture-alliance/Stuttgarter Ballett
S. 28 o. © VG Bild-Kunst, Bonn 2021 (Zoderer, Beat „Flickenarbeit) und © VG Bild-Kunst, Bonn 2021 (Baumeister, Willi „Montaru"), S. 28 u. © VG Bild-Kunst, Bonn 2021 (Hanson, Duane „Homeless Person")
Grafische Konzeption, Art Direktion: fpm factor product münchen
Layout und Cover Gestaltung: Cyclus · Visuelle Kommunikation, Stuttgart
Kartografie: © MAIRDUMONT GmbH & Co. KG, Ostfildern
Kartografie Lawall (Karten für „Unsere Favoriten")
DuMont Bildarchiv: Marco-Polo-Straße 1, 73760 Ostfildern, Tel. 0711/45 02-266, Fax 07 11/45 02-10 06, bildarchiv@mairdumont.com

Anzeigenvermarktung: MAIRDUMONT MEDIA, Tel. 0711/450 20, Fax 07 11/45 02 10 12, media@mairdumont.com, http://media.mairdumont.com
Vertrieb Zeitschriftenhandel: PARTNER Medienservices GmbH, Postfach 810420, 70521 Stuttgart, Tel. 0711/72 52-212, Fax 0711/7 25 2-3 20
Vertrieb Abonnement: Leserservice DuMont Bildatlas, Zenit Pressevertrieb GmbH, Postfach 810640, 70523 Stuttgart, Tel. 0711/7252-265, Fax 0711/7252-333, dumontreise@zenit-presse.de
Vertrieb Buchhandel und Einzelhefte: MAIRDUMONT GmbH & Co KG, Marco-Polo-Straße 1, 73760 Ostfildern, Tel. 0711/45 02-0, Fax 07 11/4 50 2-3 40
Reproduktionen: PPP Pre Print Partner GmbH & Co. KG, Köln
Druck und buchbinderische Verarbeitung: NEEF + STUMME GmbH, Wittingen
Printed in Germany

FSC
www.fsc.org
MIX
Papier aus verantwortungsvollen Quellen
FSC® C001857

Zeit für Körper und Seele
Die Panorama Therme Beuren ist ein starkes Stück Gesundheit. Genießen Sie die einzigartige Wohlfühl-Atmosphäre der faszinierenden Panorama Badelandschaft. Entspannen Sie in der großzügigen 5-Sterne-Saunaanlage. Tanken Sie neue Kraft und Gesundheit im Therapie- und Wellnessbereich. Freuen Sie sich auf eine kleine Auszeit. Willkommen im Thermal- und Heilbad Panorama Therme Beuren.
Panorama Therme Beuren
... die Kraft der Quellen
Am Thermalbad 5, 72660 Beuren www.panorama-therme.de

alb thermen
BAD URACH
EINTAUCHEN
ENTSPANNEN
ERHOLEN

NÜRTINGEN – VIELFALT ENTDECKEN
HISTORISCHE ALTSTADT LEBENDIGE GESCHICHTE SPEZIELLE STADTFÜHRUNGEN ABWECHSLUNGSREICHE RAD- UND WANDERWEGE BUNTES KULTURPROGRAMM ZEITGENÖSSISCHE KUNST REGIONALE SPEZIALITÄTEN
IHR KONTAKT
Stadt Nürtingen • Tourismus • Marktstraße 7 • 72622 Nürtingen • Tel.: 07022 75-381
tourismus.stadt@nuertingen.de • www.nuertingen.de
www.nuertingen.de/facebook • www.nuertingen.de/instagram
STADT NÜRTINGEN

KIRCHHEIM
UNTER TECK
modern · menschlich · mittendrin
#kirchheimunterteck
DIE VIELSEITIGE FACHWERKSTADT AM ALBTRAUF.
Morgens auf die Alb und nachmittags auf Citytour.
www.kirchheim-teck.de/freizeit-tourismus
stadt.kirchheimteck

Urlaub erinnern ...

Ballett auf Weltklasse-Niveau, Hunderte Treppen, Fernsehturm mit grandiosem Weitblick – welche Stadt außer Stuttgart bietet das alles?

MEHR ALS AUTOS

Schon immer wollte ich mal ins Mercedes-Benz Museum, weil mich die Automobilgeschichte von Mercedes interessiert und mich viele Modelle dieses Autobauers faszinieren. Doch was mich dann aber am meisten beeindruckt hat, waren die Filmausschnitte, Dokumente, Musik und spannenden Exponate um die Autos herum. Hier kann man auch viel über die Geschichte Deutschlands lernen!

TREPPAUF, TREPPAB

Worum ich Stuttgart beneide, sind die „Stäffele". Echt gut für die „Pumpe"! Hunderte dieser Treppenanlagen gibt es in Stuttgart. Diese Treppen dienten früher – die Stadt liegt bekanntlich in einem Kessel – als Zugang zu den Weinbergen an den Hängen des Tals. Vor allem treppauf halten die Stäffele den Kreislauf ordentlich in Schwung. Mein Fitnessprogramm in Stuttgart: mehrere Stäffele pro Tag.

ALB-WHISKY

Wo liegt die Whisky-Hauptstadt Deutschlands? Richtig! Auf der Schwäbischen Alb! Owen nennt sich die deutsche Whisky-Hauptstadt. Dinkel, Grundzutat für Whisky, gedeiht hier prächtig. Whisky-Brennereien in Owen: Manufaktur Gruel (http://tecker-whisky.com), Bellerhof-Brennerei (https://dannes.de), Berghof Rabel (s. S. 114).

VIEL LOKALKOLORIT

Eine Stadtführerin als Mordermittlerin. In „Trollingertod" (Emons 2020) erlebt Bea Pelzer ihren 7. Kriminalfall. Sie wird mit einem Teufelskreis aus Intrigen konfrontiert, in dem eine zerstrittene Winzerfamilie und ein Weinberg in Panoramalage eine zentrale Rolle spielen. Wer Stuttgart ein bisschen kennt, wird seinen Spaß haben, denn die sieben Stuttgart-Krimis von Martina Fiess sind mit viel Lokalkolorit angereichert. Weitere Stuttgart-Krimis: www.buechertreff.de/regionalkrimis/stuttgart

MAULTASCHEN SELBER MACHEN

Wie rollt man den Maultaschenteig? Welche Füllung und wie wird sie zubereitet? Welche Beilagen passen am besten? Das habe ich jetzt alles in einem Maultaschen-Kochkurs in Stuttgart gelernt –auch wie man die Beilage, einen schwäbischen Kartoffelsalat, macht. Internetadressen von Kochkursen: www.herr-kaechele.de/kochkurse, https://kochpunkt.com, https://sonja-lenz.de/Kochwelten/Kochkurs-Maultaschen

KEHRWOCHE

Spätestens wenn das Kehrwochen-Schild an der eigenen Wohnungstür hängt, weiß man, dass man nun die Treppe im Mietshaus zu kehren und zu wischen hat. Verfechter der schwäbischen Kehrwoche weisen darauf hin, dass man sich auch sozial näherkommt und mit Nachbarn nicht selten ein „Schwätzle" hält. Ich hab´s auch gern sauber. Werde die Kehrwoche mal in unserem nichtschwäbischen Mietshaus vorschlagen ...

GRANDIOSE AUSSICHT

Von keinem anderen Punkt Stuttgarts genießt man einen grandioseren Weitblick als von der Turmplattform und vom Panoramacafé des Stuttgarter Fernsehturms. Ein unvergessliches Erlebnis! Von hier oben blickt man auf die Stadt, die Weinberglandschaft des Neckartales, bis zur Schwäbischen Alb, zum Schwarzwald und zum Odenwald. Auch der Stuttgarter Flughafen ist zu sehen. Diesen herrlichen Rundumblick kann ich selbst zu Hause immer wieder genießen: www.fernsehturm-stuttgart.de/de/pano.

BAD URACH 360

Das zauberhafte Städtchen Bad Urach, Luftkurort und Heilbad, kann man auch zu Hause noch einmal in aller Ruhe erleben und erkunden – dank zahlreicher 360-Grad-Panoramen: Innenstadt, u.a. mit dem Marktplatz und dem Schäferlauf, AlbThermen mit Innenbecken oder Saunalandschaft, Uracher Wasserfall, Burgruine Hohenurach und verschiedene Aussichtsfelsen (www.badurach360.de).

»GLÜCKLICHES STUTTGART, NIMM FREUNDLICH DEN FREMDLING MIR AUF!«

aus dem Gedicht »Stuttgart« von Friedrich Hölderlin (1770–1843)

SPÄTZLE-WERKZEUG

Traditionell schabt man Spätzle von Hand: mit einem Holzbrett mit Griff, dazu ein spezieller Spätzleschaber aus Metall oder ein einfacher Teigschaber bzw. ein stumpfes Messer. Etwas schneller geht es mit einer Spätzlepresse (s. Foto), eine praktische Erfindung des Cannstatter Maschinenschlossers Robert Kull aus dem Jahr 1936.

WELTKLASSE-NIVEAU

„Eine Offenbarung", schrieb „Newsweek" begeistert über das US-Debüt des Stuttgarter Balletts 1969 in der New Yorker Metropolitan Opera, „für die Welt des Balletts ist ein neues Zeitalter angebrochen". Stuttgarter Ballettkunst auf Weltklasse-Niveau! Und dabei ist es bis heute geblieben! Die Aufführungen – ob klassisch oder modern – sind überwältigend und bleiben sehr lange in Erinnerung.